KB051828

세계 2.0

세계 2.0

메타버스라는 신세계 어떻게 구축할 것인가

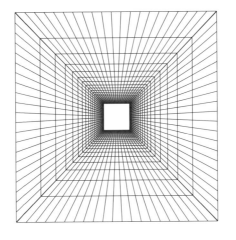

사토 가쓰아키 지음 | 송태욱 옮김

21세기북스

차례

제4장

경쟁에서 창조의 세기로

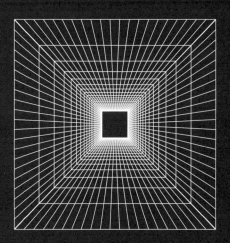

메타버스란 무엇인가?

펑크는 스타일이 아니라 자세다.

—

조 스트러머

또 다른 세계의 충격

지금 세상에는 메타버스라는 새로운 기술에 대해 인터넷 이후 최대의 혁명이라고 말하는 사람도 있고, 그런 개념은 의심스럽다며 무시하는 사람도 있다. 서두가 좀 길어지나, 이 책에서는 이처럼 평가가 양분되는 메타버스를 우리가 어떤 자세로 받아들여야 할지 논해보고자 한다.

  이 책을 펼친 독자 중에는 '메타버스metaverse'라는 말을 처음 들어본 사람이 있을지도 모른다. 메타버스란 인터넷상에 만들어진 3차원의 가상 공간을 말한다. 미국의 작가 닐 스티븐슨의 1992년작 SF 소설 『스노 크래시』라는 소설에서 이 개념이 처음 사용되었다. '개념을 넘어서다/상위 개념을 가리키다'라는 뜻의 '메타meta'와 '우주'를 뜻하는 '유니버스universe'

를 조합한 단어다.

VR(Virtual Reality, 가상 현실) 고글을 쓰고 가상으로 만들어진 세계로 로그인한다. 마치 이 세상과는 또 다른 세계에 잠입한 것처럼 그곳에서 모험을 시작한다. 사이버펑크 SF『스노 크래시』의 비전은 키아누 리브스가 주연한 영화 〈매트릭스〉(1999)나 스티븐 스필버그 감독의 영화 〈레디 플레이어 원〉(2018)에 결정적 영향을 주었다. 구글맵이나 구글어스는 (둘 다 2005년부터 서비스 시작)『스노 크래시』에 등장하는 '어스'라는 머신에서 착상을 얻어 만들어진 것이라고 한다.

메타버스의 세계는 게임 소프트웨어 시대의 〈드래곤 퀘스트〉처럼 '이미 만들어진 완성품'이 아니다. 인터넷상의 오픈 소스로서 업로드된 세계는 이용자가 얼마든지 다시 만들 수 있다. 이용자가 로그인하면 아바타가 메타버스 세계를 자유자재로 이동할 수 있다. 〈매트릭스〉의 키아누 리브스처럼 하늘을 날 수 있을 뿐 아니라 메타버스 안에서 아바타끼리 이야기를 나눌 수도 있다.

다소 시대를 앞서간 탓에 기세가 꺾이고 말았지만, 2003년에 미국의 린든랩이라는 벤처기업이 〈세컨드 라이프〉라는 메타버스를 출시했다. 〈세컨드 라이프〉의 기세가 꺾인 원인 중 하나는 느린 통신 속도다. 메타버스에서 모험을 즐기려면 순간적으로 대량의 정보를 처리해야 한다. 4G나 5G라는 고속 회선이 없던 2000년대에는 〈세컨드 라이프〉의 세계를 현실처럼 정교하게 설계할 수 없었다. 로그인을 하면 기존 게임보다도 못한 화면이 나왔고, 도중에 먹통이 되거나 속도가 느려지곤 했다. 그렇다 보니 이용자가 등을 돌리는 건 당연했다.

2010년대 후반에 들어서자 메타버스를 둘러싼 상황은 확연하게 변화했다. 컴퓨터나 스마트폰의 사양이 2000년대와는 비교가 안 될 정도로 좋아졌고, 항상 접속할 수 있는 고속 회선이 인프라로 자리잡았다. 그 결과 아주 정밀하고 섬세한 동영상을 몇 시간씩 연속으로 돌려도 먹통이 되지 않는 환경이 마련되었다.

2002년에 처음 출시된 〈파이널 판타지 XI〉, 2020년에 발매된 닌텐도 스위치의 〈모여봐요 동물의 숲〉 등 메타버스적 온라인 게임은 사람들을 매료시켰다. 이처럼 다수의 이용자들이 동시에 게임에 접속할 수 있는 대규모 온라인 롤 플레잉 게임 MMORPG^{Massively Multiplayer Online Role Playing Game}을 즐기는 사람도 점차 늘어났다.

2017년 미국의 에픽게임즈가 출시한 온라인 게임 〈포트나이트〉는 전 세계에서 폭발적인 인기를 얻었다. 에픽게임즈의 CEO인 팀 스위니는 〈포트나이트〉의 가상 공간을 '메타버스'라고 불러서 버즈워드[1]화했다. 〈포트나이트〉가 출시된 무렵부터 메타버스라는 말이 버즈워드로서 널리 인식되었다.

'AI', '블록체인', '가상화폐'라는 버즈워드는 2~3년의 간격을 두고 등장했다. 모두 세계 경제를 뒤흔들 정도의 충격을 가져왔고 AI나 블록체인, 가상화폐에 의해 주식시장도, 세상 전체도 격렬하게 들끓었다. 지금은 메타버스가 전 세계의 주식시장과 세계 경제를 뒤집을 정도의 큰 충격을 주는 중이다.

———

버즈워드에 대한 사람들의 반응

버즈워드에 대한 사람들의 반응은 대체로 세 가지로 나뉘지 않을까 한다.

첫째는, 노년층에서 주로 볼 수 있는 것으로 '이런 경박한 개념은 불쾌하다', '인터넷에 또 하나의 세계가 생겨나 인간 삶이 그곳을 중심으로 돌아가는 일은 일어날 수 없어'라는 반응이다. 과거 상식에 매몰되어 있는 사람은 완전히 새로운

---

1. 자못 전문적으로 들리지만 그 정의가 모호한 채로 세상에 널리 쓰이는 용어, 조어, 어구를 가리킨다. 한마디로 요즘 유행하는 겉만 번지르르한 단어라는 뜻이다. 일시적으로 유행하는 기술적 용어인 경우가 많다 - 역주

패러다임에 대응하기 어렵다.

둘째는, 젊은이들의 주된 태도로 '내게 플러스가 되는 것이라면 새로운 흐름에 올라타 보자'라는 반응이다. 새로운 흐름에 올라탄 탓에 쓰라린 경험을 하기도 하고, 모아놓은 돈을 다 잃는 손해를 봤을지도 모른다. 그럼에도 위험을 감수하고 도전하는 과정에서, 메타버스의 세계에서 사업을 일으키거나 회사를 창업할 기회가 생길지도 모른다. 도전 정신으로 넘치는 젊은이들은 중년층이나 노년층만큼 버즈워드에 부정적이지 않다.

셋째는, 중년층에 많이 보이는 태도로 '메타버스? 뭐, 알고 있기는 한데, 그거 시시한 거 아닌가?' 하는 삐딱한 반응이다. 노년층만큼 새로운 것에 부정적이지는 않지만, 젊은 세대만큼 적극적으로 기회를 잡으려 하지도 않는다. 냉담한 눈으로 한발 물러나 상황을 살핀다.

경험상 두 번째 태도 말고는 얻을 수 있는 게 아무것도 없다. 그리고 세 번째 태도가 가장 후회를 남긴다. 왜냐하면 세 번째 태도를 취하는 사람은, 표면상 부정적이지만 마음 어딘가에 '어쩌면 나에게도 기회가 있을지 모른다'는 생각을 하기 때문이다. 그 때문에 누가 봐도 변화가 분명해진 시점에 태도를 180도 바꾼다. 그러나 그 무렵이면 두 번째 태도를 취한 사람이 기회를 독식한 후라서 아무것도 남아 있지 않게 된다. 경쟁의 세계에서는 어중간하게 관망하는 자세를 취하는 사람에게는 기회가 주어지지 않는다.

애초에 세계 최고의 인재와 세계 최대의 자금을 가진 GAFA$^{Google · Apple · Facebook · Amazon}$ 중 애플과 페이스북이 장래가 유망하다고 내다보고 수조 엔을 투자하기로 확정한 분야에, 평범한 우리가 '그것은 가능성이 없다'고 생각하기 쉽지 않다. 아이폰이나 인스타그램을 일상적으로 사용하면서, 나라면 그렇게까지 자기 확신이 강할 수 있을 것 같지 않다.

이 책을 통해 가능하다면 고정관념을 버리고 메타버스라는 새로운 흐름을 내 편으로 끌어들여 인생에서 긍정적 변화를 쟁취하기 바란다.

———

기술 발전을 예측하는 방법

만약 우리가 기술 발전을 예측할 수 있다면 앞으로의 미래에 유리하게 대처할 수 있을 것이다. 미래를 예측하는 일은 지극히 어렵지만, **컴퓨터를 통한 기술 예측은 적중 확률이 꽤 높다.**

지금으로부터 7년 전에 나는 『내가 미래를 앞서가는 이유』

라는 책을 발간했는데 사실 그 원고는 10년 전에 쓴 것이다. 기술의 보편적 법칙성에 대해 쓴 것으로, 지금 읽어도 대체로 통용되는 이야기다(흥미 있는 분은 꼭 구해서 읽어보기 바란다). 이에 이곳에서도 기술의 법칙성 몇 가지를 소개하고자 한다. **이 내용은 이 책을 읽어나가는 데 전제가 되는 지식이고 각 장에서 말하는 내용의 토대가 되는 사고다.**

각종 기술의 본질적 특징은 다음 세 가지로 좁혀진다. 기술은 ① 인간을 확장하고, ② 조만간 인간을 가르치며, ③ 손바닥에서 시작되어 우주로 퍼져나간다.

●   **인간의 확장**

기술은 늘 인간의 능력을 확장하고, 개체 혼자 할 수 없는 일을 실현할 수 있도록 도왔다. 증기나 전력은 인간 손발의 동력을 수만 배로 확장한 기술이다. 컴퓨터나 인터넷의 본질은 '지능의 확장'에 있다. 컴퓨터가 발명됨으로써 인류는 개체의 뇌를 훨씬 뛰어넘는 계산 능력을 획득했고, 인터넷을 통해 눈앞에 없는 타인과 실시간으로 소통할 수 있게 되었다. 증기나 전력이라는 기술을 현실 세계의 '동력 혁명'이라고 한다면, 컴퓨터는 인간 두뇌의 '지능 혁명'이라고 할 수 있을 것이다.

● **인간의 교육**

기술은 시간이 지나면 인간을 가르치려는 성질이 있다. **새로운 기술이 사회에 보급되고, 좀 지나면 이번에는 인간이 기술에 맞춰 생활 스타일을 바꾼다.** 이 상황은 마치 기술이 인간을 교육하는 것 같다. 컴퓨터는 바로 그 전형적 예다. 초기 컴퓨터는 대량의 데이터를 빨리 처리하는, 그저 인간의 계산 기능을 확장하기 위한 물건이었다. 그러나 컴퓨터는 사회에 침투해 방대한 데이터를 학습하고 지능을 발달시켜 이제 사람들에게 가장 효율적인 활동을 '가르치게' 되었다. 처음에는 인간이 입력한 명령대로 움직였던 컴퓨터가 시간이 지나자 사람들이 어떻게 행동할지를 가르쳐주는 교사로 진화 중인 것이다.

● **손바닥에서 우주로**

물리적 위치에 착안해봐도 기술 발전 과정에는 어떤 법칙성이 존재한다. 앞에서 기술은 인간이 가진 기능의 확장이라고 말했는데, 그 확장은 항상 '신체 가까이'에서 시작된다. 맨처음은 손발의 확장이다. 둔기, 도끼, 활 등의 무기는 손을 확장했고, 짚신은 발을 확장했다.

이어서는 신체에서 물리적으로 떨어진 공간으로 인간의 기능을 확장해간다. 손바닥 위에 있던 도구는 신체를 벗어나

기구로서 실내에 배치되고, 더 나아가 실외로 뛰쳐나가 기차나 자동차 같은 이동 수단이 되어 거리를 달리고, 마지막에는 중력조차 극복해 비행기가 되어 하늘로, 심지어 지구 밖 우주로 향했다.

기술은 일정한 순서를 거쳐 물리적으로 더 멀리 침투하고, 그럴수록 일상의 풍경이 되어 존재감을 지워간다. 이처럼 기술이 침투하는 순서에도 어느 정도 법칙성이 있다. **새로운 기술은 기본적으로 '소비자'가 사용하기 시작해서 '기업'에서 활용되며, 최종적으로는 '행정'에 도입된다.** 이 순서는 의사결정의 단계와 속도가 관계되어 있다.

개인은 재미있다고 생각하면 쉽게 시도해볼 수 있다. 반면에 기업에는 사원이나 주주 등 이해관계자가 다수 있다. 대기업은 수만 명의 사원, 거래처, 주주가 있기 때문에 개인처럼 가볍게 움직일 수 없다. 더구나 행정에는 수십만 명, 수천만 명이라는 시민, 국민이 관련되기에 신중하게 논의한 후에야 시도해 볼 수 있다.

그 때문에 **새로운 기술은 '개인'에게 침투한 지 3~5년 후에야 가까스로 '기업'에서도 활용되며, 나아가 거기서 다시 3~5년 지나야 '행정'에 도입**되는 경향이 있다. 예컨대 개인 차원에서는 2010년 전반부터 드롭박스나 구글 드라이브, 아이클라우드 같은 클라우드 서비스를 이용해 정보를 관리하는 것이 일반적이다. 반면 일본의 행정기관은 아직 팩스를 사용한다. 클라우드에서 정보를 관리하는 방안은 2022년 현재 행정 과제로서 추진 중이다.

이런 기술의 법칙성을 이해해야 현재 존재하는 기술이 앞으로 어떻게 응용되고, 어떤 사람들에게 어떤 타이밍에 퍼져나갈까지 예측할 수 있게 된다. 실제로 30년 전에 쓰인 책을 읽으면서도 놀랄 만큼 분명하게 현재 사회의 모습을 알아맞힌 사람이 존재한다. 그러나 기술의 발전과 미래를 정확하게 예측할 수 있었다고 해도 그것이 꼭 경제적 성공을 보장하지는 않는다. 왜냐하면 적절한 타이밍을 읽는 일이 지극히 어렵기 때문이다.

———

타이밍이 모든 것을 결정한다

기술은 사회의 과제에 대응하며 등장한다. 세상에 어떤 과제가 있고 지금 어떤 기술이 존재하는지를 알고 있는 사람은 이후 어떤 기술이 주목받을지 꽤 정확하게 예측할 수 있을 것이다. **다만 그 시기가 '언제' 올지를 정확하게 예측하는 일은 무척 어렵다. 현실 세계에서의 성공은 타이밍이 거의 전**

부라고 해도 과언이 아니다.

타이밍이 너무 이르면 아무 주목도 받지 못하고, 반면 너무 늦으면 아무런 이익도 보지 못한다. 기술의 흐름을 내다본 후 **적절한 타이밍에 적절한 장소에 먼저 가서 기다릴 수 있는 예지가** 필요하다. 감각적으로는 **세상보다 '반걸음'만 빠른 것**이 좋다.

———

어느 비극적인 천재

여기서 어느 비극적인 천재, '너무 이른 남자'의 이야기를 소개하고자 한다. 니콜라 테슬라라는 과학자를 아는가? 토머스 에디슨 아래에서 현재 주류가 된 교류 송전 시스템을 발명한 사람이다.

테슬라는 지금으로부터 무려 100년도 훨씬 전에 무선 송전 기술을 보급하기 위한 연구를 진행했다. 오늘날 송전은 유선 케이블로 하는 것이 보통이다. 그런데 테슬라는 공기를 통해 전기를 멀리 떨어진 장소로 보낸다는, 이를테면 와이파이의 전력 판에 해당하는 아이디어를 실현하려 했다.

테슬라는 재벌가인 모건으로부터 자금을 원조받아 워든클

리프 타워라는 약 60미터의 거대한 탑을 건설하고 그곳에서 밤낮으로 연구에 몰두했다. 타워에서 굉음이 울리자 인근에서는 '타워에서 천둥이 쳤다'는 소문이 돌았다. 그러나 이 연구는 좌절되어 최종적으로 중단되었다.

당시에는 유선 송전 인프라조차 간신히 갖춰졌을 뿐이어서, 무선 송전을 실현하려면 앞으로 얼마의 연구비가 더 들지 미지수였다. 자금 원조가 끊기자 테슬라는 자택의 침대에서 조용하고 고독하고 쓸쓸한 최후를 맞았다. 경제적 성공과 사회적 명성을 얻은 에디슨과는 대조적인 인생이었다.

사실 이 무선 송전 기술은 2015년에 이르러서야 일본의 미쓰비시 중공업이 실험에 성공했다. 이 기술이 장래에 우주 태양광 발전을 가능하게 할 거라고 언급되곤 한다. 태양광 패널을 정지 궤도에 쏘아 올려 우주에서 발전한 전력을 마이크로파로 지구로 전송하고, 다시 지상에서 전기 에너지로 변환해 이용하겠다는 계획이다.

결국 인류는 테슬라의 실험이 실패로 끝나고 타워가 철거된 1917년으로부터 약 100년 후에 무선 송전에 성공한 것이다.

테슬라는 이론상 무선 송전이 가능하다는 것을 이해하고 있었지만 시대를 너무 앞서갔다. 다른 사람들보다 100년이나 앞서 달린 것이다. 그가 '너무 이른 천재'였다는 것은 1940년의 잡지 인터뷰를 봐도 알 수 있다.

호주머니에 넣고 다니는 값싸고 간단한 장치로 해상이든 육상이든 수신할 수 있고, 세계의 뉴스나 어떤 목적에 맞는 특별한 메시지를 전할 수 있게 되겠지요. 그리하여 지구 전체가 서로 반응하는 거대한 두뇌가 되는 겁니다. 불과 100마력의 시설 하나로 수억 개의 기기를 조작할 수 있기 때문에 이 시스템은 실질적으로 헤아릴 수 없는 능력을 발휘할 수 있고, 정보 전달은 대폭 간단하고 쉬워지며 비용도 저렴해질 것이 틀림없습니다.

100년 전임에도 그에게는 인터넷이나 스마트폰이 등장하는 미래가 선명히 보였던 것 같다.

그 후, 이 비극적 천재 이야기에 눈물을 흘린 소년이 있다. 그 소년은 테슬라의 비극을 되풀이하지 않으려 '멋진 아이디어를 갖고 있어도 장사 수완이 없으면 의미가 없다'고 생각해 연구 개발과 상업적 성공을 함께 실현하고자 했다. 이 소년은 대학원생이 되어 검색엔진을 만들었고, 이를 토대로 세계적 기업을 탄생시킨다. 그것이 현재의 '구글'이다. 창업자 래리 페이지는 유소년기에 테슬라에게서 강한 영향을 받았다.

또한 어느 작은 전기자동차 제조사는, 너무 앞서갔던 이 천재를 세상이 잊지 않도록 회사명을 '테슬라 모터스'라고 지었다. 그 후 '테슬라'로 회사명을 바꾼 이 회사는, 그 유명한 일론 머스크가 이끄는 세계 최대의 전기자동차 제조사로 성장했다.

과학자 테슬라는 살아 있는 동안에 아무런 보답도 받지 못했다. 하지만 그의 발명과 삶의 스토리는 많은 사람의 인생에 큰 영향을 주었고, 그의 뜻을 이어받은 후세의 천재들이 세상을 바꾸는 계기가 되었다.

그런 의미에서 테슬라는 사후에야 드디어 올바로 평가받은 인물이라고 할 수 있다. 다만 살아 있는 동안 성과를 내고 싶다면 그의 인생을 교훈으로 삼아 타이밍의 중요성을 깊이 인식해야 할 것이다.

———

주위의 반응이 리트머스 시험지

그렇다면 타이밍을 어떻게 읽을 수 있을까? 그 방법을 생각하기 전에 우선 알아두었으면 하는 대전제가 있다. 완벽하게 타이밍을 읽어내기란 절대 불가능하다. 인간이 세상의 불확실성을 모두 읽어내는 일은 가능하지 않기 때문이다. 그러나 **타이밍에는 어느 정도 버퍼**(buffer, 허용 가능한 어긋남)**가 있다. 중요**

한 것은 타이밍의 오차를 이 '버퍼' 내로 끌어들이는 일이다.

그리고 타이밍이 적절한지를 읽어내기 위해 가장 좋은 리트머스 시험지가 되는 것이 주위 사람들의 반응이다. 결국 사람 사이에서 비즈니스를 하는 이상, 타이밍이란 상대적일 수밖에 없다. 빠른지 혹은 늦는지는 잠재적 경쟁자와의 관계에서 결정된다.

개인적인 경험칙인데, **일부 기술 '오타쿠'가 열광하고 그이외의 사람이 감을 잡지 못하거나 이해하지 못할 때가 착수 타이밍으로는 최고**다. 가장 앞 선에서 그 기술을 접하는 사람과 평범하게 생활하는 사람 사이에는 상당한 정보량의 차이가 있다. 기술 오타쿠인 사람들이 직접 접하고 놀라움을 느끼는 기술이 그것을 잘 알지 못하는 일반 사람들에게 정착되려면 몇 년의 시간이 걸린다.

기술은 수면에 퍼지는 파문처럼 낙하지점에서 바깥쪽으로 퍼져나간다. 일상적으로 뭔가 만드는 것을 좋아하는 창조성 풍부한 사람들은, 지금까지와 전혀 다른 가능성이 보이는 기술을 발견하면 열광적으로 빠져드는 성질이 있다. 한편 신기술에 흥미가 없는 사람은 미디어 등에서 자주 보도되고 주위 사람들이 쓰고 있어야 해당 기술을 사용하기 시작한다. 기술 오타쿠에게서 일반 사람들로 물결이 퍼져나가는 시점에 진입할 수 있다면, 그 분야의 우위에 설 수 있다.

블록체인도 마찬가지였다. 비트코인이 등장했을 때 사토시 나카모토의 논문을 읽고 그 혁신성을 이해할 수 있는 사람은 기술 오타쿠뿐이었다. 그 대단함을 이해하기 위해서는 경제학, 통화, 암호화 기술, 엔지니어링 등 폭넓은 분야에 대한 깊은 지식이 필요했기 때문이다.

기술 오타쿠들이 열광하는 것을 보고 초기에 참여한 사람들은 큰 수익을 얻었을 것이다. 컴퓨터도 그랬고 인터넷도 그랬다.

———

메타버스는 지금이 적기

메타버스에서도 이 법칙성은 100퍼센트 꼭 들어맞는다. 아직 메타버스라는 말이 퍼지지 않았을 무렵 〈포트나이트〉와 에픽게임즈의 약진, 그리고 눈앞의 3D CG(3차원 컴퓨터그래픽스) 기술이나 VR 기술의 발전을 체감한 기술 오타쿠라면 '이거 굉장한 혁명이 일어나겠는걸' 하고 느꼈을 것이다. 반면 일반인들은 '그거 〈세컨드 라이프〉잖아?'라는 한마디로 정리해버리고, 과거와 지금이 기술적으로 뭐가 다른지 구별할 수 없었다.

스스로 기술에 깊은 흥미가 있어서 뭔가를 만드는 사람이라면 주위에 의견을 묻고 반응을 살피는 것이 지름길이다. 나보다 능력이 있는 사람이 열광 중이고, 새로운 기술에 어두운 사람이 이해하지 못하고 흥미를 보이지 않으며 부정하고 있다면 '대박'일 가능성이 높다.

예외는 있다. **20대, 30대라면, 그 기술을 부모에게 설명했을 때 반응을 관찰해보는 것이 빠른 길이다.** 부모를 이해시키는 게 어렵거나 감이 잘 오지 않는 기술이라면 아직 기회는 있다. 반면에 이미 충분히 알고 있거나 이용하고 있는 기술이라면 이미 타이밍이 늦은 것이다. 한편 기술을 그다지 잘 알지 못하는 사람도 손쉽게 미래를 예측할 방법이 있다. **'아이가 노는 모습'을 관찰하는 것이다.**

'아이가 노는 모습'이 미래의 모습

영국의 SF 작가 더글러스 애덤스는 기술에 대한 굉장히 설득력 있는 가설을 남겼다.

인간은 자신이 태어났을 때 이미 존재한 기술을 자

연스러운 세계의 일부로 느끼고, 15세부터 35세 사이에 발명된 기술은 새롭고 대단히 흥미로운 것으로 느낀다. 35세 이후에 발명된 기술은 자연에 반하는 것으로 느낀다.

이 이야기를 하면 많은 사람들이 '나는 달라!'라고 반사적으로 반론하겠지만, 어디까지나 그런 경향이 강하다는 의미이므로 예외나 개별적 차이가 있는 것은 당연하다. 그러나 인간의 뇌는 경험을 쌓을 때마다 사고 패턴이 정착하므로 세상에 대한 고정관념이 생기는 것은 피할 수 없다.

이처럼 어른은 상식이 갖춰져 있으므로 실패를 범하기 힘들다. 실제로 언어 습득처럼 아주 어렸을 때는 간단히 배울 수 있지만 어른이 되면 배우기 힘든 분야가 다수 존재한다.

예컨대 아기나 유아는 새로운 기술이 눈앞에 등장해도, 그것이 존재하지 않던 세계를 모르기 때문에 가위나 전구와 마찬가지로 단순한 '도구'로서 순순히 받아들일 수 있다. 그들에게는 어느 것이 새로운지 낡았는지 하는 기준이 존재하지 않는다. 태어난 순간부터 존재하는 것이고 거부해도 어쩔 도리가 없다. 그것은 우리가 전철이나 비행기를 거부할 수 없는 것과 같은 감각이다.

거꾸로 말하면 15세 이하의 어린이가 어떤 방식으로 노는

지에 따라 그 후 사회에서 어떤 기술이 보급될지 높은 확률로 예측할 수 있다. 가령 아기나 유아는 텔레비전과 유튜브를 명확히 구별할 수 없는데, 이건 그들에게는 어느 쪽이든 영상을 보여주는 도구일뿐이기 때문이다. 새로운 것인지 낡은 것인지는 상관없다.

10여 년 전에 아이가 내내 유튜브를 보고 있다는 사실을 안 사람은, 지금처럼 유튜브나 유튜버가 텔레비전이나 예능인보다 큰 영향력을 가지게 된 미래도 상당히 정확하게 예측했을 것이다. 유튜브를 보며 자란 세대에게 스타란 거기서 필사적으로 동영상을 업로드한 초기 유튜버들이지 부모가 좋아하는 텔레비전에 나오는 예능인들이 아니다. 당연히 유튜브를 보며 자란 세대는 유튜버를 동경한다. 그들이 사회인이 되어 힘을 가져도 그것은 변하지 않는다.

다시 말해 **지금 아이들이 노는 법을 관찰한 후 자기 세대와 다른 점을 찾으면 되는 것이다. 그들이 사용하는 새로운 기술이야말로 다음 시대에 보급될 기술일 가능성이 높다.**

내가 대학생이 되던 무렵은 마침 SNS가 보급되기 시작하던 때였는데, 당시 부모 세대에게는 그것이 '아이들이 만지작거리는 장난감'처럼 보였고, 신세대들은 설마 그것이 10년 후에 사회 인프라가 되리라고는 상상도 하지 못했다. 다만 10대 때부터 자연스럽게 SNS를 사용해온 우리 입장에서 SNS는 당연한 커뮤니케이션 수단이었기 때문에 어른들이 유행할 것이다, 안 할 것이다 하고 논의하는 것 자체가 신기하게 느껴졌다.

그렇다면 오늘날 아이가 학교에서 돌아오면 친구와 하는 놀이는 무엇일까? 대부분의 경우 〈포트나이트〉나 〈에이펙스 레전드〉로 대표되는 오픈 월드형 온라인 전투 게임일 것이다. 다들 집에 돌아오면 로그인을 하고 게임 중에 채팅을 하거나 '다른 일을 하면서 통화'를 한다.

예전 세대라면 게임은 혼자 묵묵히 열중하는 것이고, SNS는 친구와 교류하는 별도의 수단으로 인식하고 있을 것이다. 그러나 지금은 항상 온라인에서 누군가와 교류하며 게임을 하는 게 당연할 정도로 게임과 커뮤니케이션이 완전히 일체화되었다.

젊은 층 대상 만화를 우연히 읽었는데 거기에 아주 흥미로운 묘사가 있었다. 10대 중학생이나 고등학생이 집에 돌아오면 곧바로 헤드셋과 마이크를 장착하고 PC나 스마트폰 앞에 앉는 것이다. 중년이나 노년층은 이것이 대체 뭘 하는 장면인지 이해할 수 없을 것이다. 하지만 만화를 보는 아이들은 '앗, 〈포트나이트〉나 〈에이펙스 레전드〉에 로그인했구나' 하고 단번에 이해할 수 있다. 게임을 할 때는 컨트롤러를 조작하기 때문에 두 손을 다 사용하게 된다. 그러므로 그들은 반드시 헤드셋을 쓰고 핸즈프리 상태로 게임 속에서 친구와 대화를 하는 것이다.

예전 SNS에서도 그랬던 것처럼 **3차원 가상 공간에서 일상적으로 게임을 하고 친구와 소통하며 자란 아이들이 몇 년 후에 어른이 되어 사회에 나올 것이다.** 그때 그들이 인스타그램이나 틱톡과 함께 자란 세대와는 다른 감각을 갖고 있으리라 상상하기는 어렵지 않다.

내가 메타버스에서 큰 가능성을 느끼는 이유도 **'아이들은 이미 일상적으로 하고 있고, 어른은 긴가민가한다'**라는 특징 때문이다. 예전의 SNS나 유튜브도 전적으로 이와 같았다. 메타버스는 지금의 10대가 어른이 되어 사회에서 큰 힘을 갖게 될 무렵 그 진가를 발휘해, 지금 우리가 예측도 하지 못한 방식으로 사용될 것이다.

———

기대와 환멸의 사이클을 극복하라

메타버스의 미래를 점치기 위해서 파악해두고 싶은 기술의 법칙이 있다. 그것은 **새로운 기술은 '과도한 기대'와 '과도한 환멸'에 교대로 노출되며 보급된다**는 법칙이다.

어떤 계기로 어떤 기술이 다방면에서 주목받으면 그곳으로 과도한 기대가 몰려든다. 미디어가 '뭐든지 할 수 있는 꿈같은 기술'이라고 부추기고, 거기에 투자자가 모여들어 거금을 투척하며, 창업자는 골드러시를 꿈꾸며 떼를 지어 모여든다.

AI는 딥마인드의 알파고가 바둑 세계 챔피언을 상대로 승리하면서 포문을 열었다. 블록체인은 비트코인의 가격이 폭등해 '1억 엔 부자'가 탄생한 것이 계기가 되었다. 이번 메타버스는 페이스북이 메타^{Meta}로 회사명을 바꾸면서 이 분야에 1조 엔(약 9조 1,890억 원)을 투자한 게 계기가 되었다.

다만 이런 과도한 기대는 오랫동안 지속되지 않는다. 왜냐하면 기술이 실제로 세상에서 활용되어 경제적인 가치를 낳기 위해서는 그에 상응하는 긴 시간이 필요하기 때문이다. 그러나 열광에 선동되어 모인 사람들은 지금 당장 눈앞의 성과와 수익을 기대한다. 그러므로 참여해보고는 금방 성과가 나지 않는다는 사실을 서서히 알아차린다.

상장기업이라면 사사분기마다 업적을 개시해야 하기 때문에 새로운 기술에 투자한 사람의 입장에서는 금세 성과를 내서 이익으로 연결해줬으면 하고 기대한다. 경영자들은 이 압박을 직접 받고 말이다.

그러나 앞에서 말한 대로 신기술이 사회에 활용되어 구체적 가치로 연결되는 데는 사람들이 예상보다 훨씬 긴 시간이 필요하다. 기대한 성과를 바로 얻을 수 없으면 실망감에 투자가 회수되고, 미디어에서는 '○○은 돈을 벌 수 없다', '○○은 죽었다' 같은 논조의 기사가 흘러넘친다. 이렇게 되면 과도한 기대가 과도한 환멸로 변하고, 눈앞의 일확천금을 꿈꾸며 참여한 많은 사람들이 철수해 시장에서 사라진다.

이런 환멸기의 암담한 시기에는 일부 사람들만 시장에 남아서 꾸준히 기술을 연마한다. 그 결과 기술이 사회에 활용되어 실제로 경제적 가치를 발휘하게 되면 그들이 수익을 독점하는 사이클을 거쳐 세상에 널리 보급된다.

메타버스도 이 흐름을 따라갈 것이다. 2022년 전반은 바로 '과도한 기대'가 있었던 시기다. 그로부터 1년이 지난 즈음 메타버스에 몰두하고 있는 상장기업의 결산이 공표되면, 이익이 나지 않는 것에 투자자는 조바심을 낼 것이다. 미디어에서는 '메타버스는 돈벌이가 안 된다', '메타버스는 죽었다'라는 논조의 기사가 늘어날 수도 있다. 거기서 다시 3~5년이 지나 꾸준히 투자를 계속한 기업은 비즈니스적으로 큰 성과를 남기고 현재의 스마트폰이나 AI 같은 지위를 확립해갈 것이다.

기술의 보급이란 구불구불한 길을 150킬로미터라는 맹렬한 속도로 드라이브하는 것과 같은 행위다. 커브에서는 항상 흔들림이 있고 그때마다 많은 사람이 탈락해 마지막까지 남아 있는 사람은 소수다. 메타버스도 앞으로 많은 급커브를 경험하며 흔들리겠지만 현재가 '과도한 기대'의 시기인지, '과도한 환멸'의 시기인지를 냉정하게 분석한 후 다음 행동에 나서야 한다.

———

'아무것도 없는 것'은 최대의 무기

메타버스 같은 새로운 기술이 탄생해도 '결국 돈과 인재를 보유한 대기업이 과실을 모두 가져갈 테니 개인이나 작은 기업에는 기회가 없지 않을까?' 하고 생각할 수도 있다. 나 또한 '기술적 난이도가 높고 성공 확률이 낮은 메타버스 같은 것에 도전을 부추기다니 무책임하다'라는 말을 들은 적이 있다.

이는 반은 맞지만 반은 틀렸다. **변화가 격심한 기술 영역에서는 돈, 인재, 신용 등을 이미 '가진 자'가 꼭 유리한 것만은 아니다. '가지지 못했다'라는 게 강점이 되는 일이 실제로 많다.** 이것은 과거의 컴퓨터나 인터넷의 역사를 봐도 알 수 있다. 경영의 영역에서는 흔히 '이노베이션의 딜레마'라고 말하기도 한다.

　이노베이션의 딜레마란 클레이튼 크리스텐슨이 1990년대 후반에 제창한 이론으로, 거대 기업이 어떻게 새로운 기회를 놓치고 신흥 기업에 패배하는지를 살펴본 결과 내놓은 것이다. 거대 기업 입장에서 스타트업이나 개인이 몰두하는 신사업과 기술은 눈앞에서 막대한 이익을 창출하는 기존 사업에 비해 매력이 덜해 보인다. 또한 새로운 사업이나 기술이 기존 사업과 경쟁하면 사내에서 서로 시장 점유율을 다투게 되므로 좀처럼 본격적으로 달려들 수 없다.

　인터넷 같은 기술 발전은 매우 빠르고, 좋은 것이 생기면 한순간에 전 세계로 퍼져나간다. 결과적으로 거대 기업은 수익성이 높은 기존 사업을 안고 있다는 이유로 전혀 다른 새로운 흐름에 전력을 기울일 수 없고, 그것을 깨달았을 때는 이미 스타트업에 시장을 빼앗겨 때를 놓치곤 한다.

　20여 년 전 인터넷 여명기에는 다양한 웹사이트 링크를 모아놓은 포털사이트가 진입구였고, 그 안에서 가장 영향력이 있는 기업은 포털의 왕 같은 존재였던 '야후yahoo'였다. 일본의 야후 재팬은 엄밀하게 말하면 별도의 기업이다. 야후는 성공의 절정에 있었으므로 구글 등의 검색엔진이 지금처럼 인터넷의 진입구가 되리라고는 생각하지 못했고 포털사이트의 한 가지 기능 정도라고 여겼다. 그러나 전 세계에서 웹사이트가 계속 늘어나면서 사람의 손으로 편집하는 포털사이트로 커버할 수 없게 되자 검색엔진에서 웹사이트를 찾아가는 이용자 행동이 서서히 주류가 되었다.

당시 구글은 두 명의 대학원생이 만든, 아직 직원 200명 정도의 스타트업이었다. 구글은 이용자에게 단지 빠르고 정확한 검색 결과를 돌려주는 것에만 집중해 다양한 포털사이트에 기술을 제공했다. 야후도 구글의 기술을 자사 포털사이트에 도입했기에 야후 검색엔진의 내용물은 구글이었다. 결국은 야후가 검색엔진의 중요성을 깨달았을 무렵에 이미 구글은 따라잡을 수 없는 수준에 도달해 있었고, 바로 '행랑 빌리면 안방까지 드는' 상태가 되고 말았다.

그 후 야후는 구글과 페이스북에 트래픽을 빼앗겨 2017년에 통신 회사인 버라이즌에 매수되었다. 전성기에는 13조 엔(약 119조 4,600억 원) 정도였던 야후의 기업 가치는 매각 무렵에는 5,000억 엔(약 4조 6,000억 원) 정도로 축소되었다. **당시 세계 최대의 이용자와 어마어마한 자금, 최고의 인재를 보유하고 있던 야후조차 시대의 변화에 적응하지 못하자, 두 명의 대학원생이 세운 구글에 밀려 쓰러지게 된 것이다.**

변화가 빠른 세계에서는 돈, 사람, 신용 등 자원이 많다고 해서 꼭 우위에 서는 건 아니다. 오히려 그것이 족쇄가 되어 올바른 의사결정을 할 수 없게 되는 일도 자주 있다. 이 이야기만 들으면 야후의 경영진이 무능하고 구글의 창업자들이 천재여서 일어난 일이라고 생각하는 사람도 있을 것이다. 하지만 이야기는 그렇게 간단하지 않다. 아마 야후 경영진 중에도 상황을 올바로 이해했던 사람은 꽤 있었을 것이다. 그 예로서 나의 쓰라린 체험을 여기서 말해보겠다.

———

실패에서 배운 의사결정의 어려움

상장기업의 대표를 하면서 가상화폐나 블록체인 같은 새로운 기술에 적극적으로 투자했던 시기가 있었다.

이제는 비트코인이나 블록체인의 지명도가 세계적으로 올라가 시민권을 얻었지만, 2010년대 초중반 무렵에는 사기꾼이 손을 대는 수상한 분야라는 인식이 있었다. 실제로 그 바닥에 있는 사람의 절반 정도는 사기꾼인 상황이기도 했다. 다만 비트코인을 지탱하는 블록체인 기술은 당시에도 개념적으로나 기술적으로 혁명적이었다. 만약 이것이 세상에 보급되면 기존 질서를 부수는 파괴적 이노베이션이 일어날 가능성이 있으며, 2000년대 닷컴 버블 때부터 인터넷에 종사한 사람들은 인터넷의 탄생과 비슷한 정도의 충격을 받았다.

나는 당시 우연한 계기로, 현재 일본에서 최대 규모가 된 가상화폐거래소를 매수할 기회를 얻었다. 그때 그들도 아직 규모가 작을 때여서 매달 거래 총액이 수천만 엔에 달할까 말까 하는 상황이었다. 그러나 그 가능성을 보고 있던 나는 단숨에 매수에 뛰어들어 이 분야에 참여하고 싶었다.

다만 상장기업은 사장이 모든 것을 결정하고 실행할 수 있는 게 아니라 이사회의 의결이나 외부 감사법인, 변호사 등 다양한 관계자의 의견을 들으며 합의 형성을 꾀해야 한다. 또 외부의 수천, 수만의 주주를 설득할 필요도 있다.

당시의 가상화폐는 세상의 틀을 벗어난 지점에 있었기에 회계나 법률 전문가여도 그것이 정확히 무엇이며, 구조는 어떠하며, 법률적으로는 무엇에 해당하고 회계와 세무 처리는 어떻게 하면 좋을지 모를 만큼 아무것도 정해져 있지 않았다. 거꾸로 말하면 가상화폐나 블록체인 기술은 기존 개념으로 헤아릴 수 없는 완전히 새로운 존재였던 것이다.

이 기술에 가능성과 매력을 느끼고 있었으면서도 관계자들을 설득하는 데 드는 수고와 비용이 너무 높다는 것, 상장기업으로서 회계나 법률이 따라잡지 못하는 분야에 손을 대서 대외적으로 설명 책임을 다할 수 없게 된다는 제약이 있어 결과적으로 매수를 보류했다.

알다시피 그 후로 가상화폐에 폭발적인 관심이 집중되었고, 해당 기업도 일본 최대의 거래소로 급격하게 성장했다.

나는 옆에서 씁쓸한 기분으로 그들의 성장을 지켜보았다. 누구보다 빨리 그 기술의 가능성을 알아보고 기회를 눈앞에 두었으면서도 상장기업의 제약에 묶여서 의사결정을 통과할 수 없었던 것이다.

기업 규모의 성장에 따라 자금, 인재, 신용이 있다는 것이 오히려 족쇄가 되어 새로운 가능성을 붙잡을 수 없게 되는 딜레마에 빠진다는 것을, 경험을 통해 몸소 깨닫게 되었다. **미숙했던 나는 올바르게 미래를 예측할 수 있다면 충분하다고 생각했다. 그러나 올바른 의사결정을 하기 위해서는 올바른 '체제'가 필요함을 충분히 이해하지 못했다.** 앞에서 살펴봤듯이 야후의 실패 원인을 몸소 실감할 수 있었던 사건이었다.

그 후에도 같은 실수를 저지르는 일이 종종 있었다. 거래소 매수를 보류한 뒤에는, 직접 자체 제품을 만들기 위해 국내에서 처음으로 NFT(Non-Fungible Token, 대체 불가능한 토큰) 마켓플레이스를 자회사의 신규 사업으로 시작했다.

2019년 당시 NFT 분야는 현재처럼 열광적이지 않았고 가상화폐 시장도 암담했던 시기였기 때문에 NFT의 성장성에 대해서는 회의적인 목소리가 태반이었다. 사업부는 제품을 계속적으로 다듬고 있었지만, 시장 환경이 최악인 가운데 숫자가 생각처럼 늘어나지 않는 날들이 이어졌다. 이사회에서는 '반년 이상이나 했는데도 수지가 맞지 않으니 철수할지 매각할지 판단을 내리는 게 어떤가?', '기존 사업에 비해 NFT 시장은 너무 작다', '1년을 계속했으니 충분하지 않은가?' 하는 목소리가 흘러나왔다.

이사회의 젊은 일원들은 이 시장의 가능성을 강하게 느끼면서도 눈앞의 숫자만을 보면 그대로이기 때문에 강하게 반론을 펼치지 못하고 입을 다물 수밖에 없다. 결과적으로 이 분야에 크게 투자할 수가 없어 다른 회사에 사업을 매각했다. 그 후 2021년부터 NFT 시장은 세계적으로 급격하게 확대되어 당시 이 분야의 최대 기업이었던 오픈씨OpenSea는 2022년 현재 1조 엔(약 9조 1,890억 원) 이상의 가치를 가진 기업으로 성장했다.

새로운 기술은 특정 계기로 급성장해 단숨에 세상에 보급될 때가 많고, 이런 움직임은 예측 가능한 성장을 기대하는 대기업의 경영 스타일과 궁합이 전혀 맞지 않는다는 사실을 또다시 경험했다.

거래소를 매수하려 했을 때는 **'새로운 기술은 기존 사회의 상식이나 구조에 적합하지 않다'**는 것을, NFT 관련 신규 사업을 하려 했을 때는 **'새로운 기술은 돌발적으로 보급되기 때문에 타이밍이 올 때까지 가만히 견디고 있을 필요가 있다'**는 것을 배웠다. 다시 말해 미래를 올바로 예측할 수 있다고 해도 그 통찰력을 발휘할 수 있는 체제가 함께 필요한데,

기업은 덩치가 커질수록 그 '체제'를 유지하기 힘들어진다.

야후나 나의 체험담에서도 알 수 있듯 자금과 인재가 많은 대기업이라고 해서 꼭 유리한 것만은 아니다. 오히려 새로운 기술 영역에서는 불리한 경우가 더 많다. 개인이나 작은 스타트업의 경우는 합의를 도출하러 갈 관계자가 거의 없기 때문에 가능성이 있다고 생각하면 그 자리에서 곧바로 손을 대 볼 수 있다. 또한 새로운 기술은 아직 아무도 정답을 알지 못하기 때문에 최소 규모로 작게 시작해서, 빠르게 시행착오를 거듭해야 한다.

커다란 조직에 있으면 보고 의무가 있기 때문에 갑자기 방향성을 바꾸거나 빠르게 여러 가지 일을 시험하는 게 힘들다. 다시 말해 **초기 시행착오 단계에서 자금력의 차이는 그렇게까지 영향이 없으며, 제약이 적고 또 세밀하고 속도감 있게 활동할 수 있는 플레이어가 더 유리하다고 할 수 있다.** 따라서 **메타버스 시장도 여명기에 있는 현재는 '가진 자'가 아니라 '갖지 못한 자'가 더 유리하다. 그러니 개인이나 작은 스타트업이 비관할 이유는 전혀 없다.**

연이어 두 번의 실패를 경험한 나는 상장기업의 대표를 퇴임하고, 그 경험을 살려 메타버스 사업을 원점에서 다시 시작하기로 했다. 나는 어렸을 때 본 영화 〈매트릭스〉 같은 미래를 만들고 싶었고, 그래서 위성에서 지구를 복사해 현실과 똑같은 가상 세계를 만들어내는 AI를 개발하자는, 옛날부터 지니고 있던 이 아이디어를 실행하기로 한 것이다.

2020년 당시에는 아직 아무도 '메타버스'라는 말을 사용하지 않았다. VR, XR, 3D CG 등 제각기 다른 단어로 비슷한 개념을 말할 뿐이었다. 다만 3D CG 기술의 발전과 5G나 6G 등 통신 환경의 향상, 〈포트나이트〉 등의 유행, VR 단말기의 발전에서 다음 기술의 주된 싸움터는 이 영역일 거라는 게 분명했기 때문에 이번에도 그 감각을 믿기로 했다. 과거의 실패를 교훈삼아 누군가에게 설명하거나 허가를 받을 필요가 없도록 달랑 혼자 새로운 사업을 시작하기로 했다.

첫 1년 반은 '이제 와서 〈세컨드 라이프〉 같은 것을 해서 어떡하겠다는 겁니까?'라고 말하는 사람들이 많았다. IT업계의 지인에게 설명해도 입을 떡 벌린 채 코멘트를 하지 않거나 쓴웃음을 짓는 게 고작이었다. 그러나 실제로 3D CG 기술의 발전을 실감했기 때문에 나머지 일은 타이밍에 달렸다고 생각하고 조용히 관망했다. 그러다가 흐름이 크게 바뀐 것은 2021년 후반부터다.

2021년 가을 페이스북이 메타로 회사명을 바꾸고 메타버스에 집중 투자하겠다고 선언하자 IT업계의 화제는 온통 메타버스 일색이 되었다. 그때쯤부터 나의 활동이 세상에 알려져 이런 책을 집필할 기회도 얻었다.

만약 상장기업 안에서 신규 사업으로 시작했다면 2년 가깝게 투자를 계속하는 것은 허락되지 않았을 것이다. 아마 메타버스의 흐름이 오기 전에 매각하라는 압박을 받았을 것이다. 이는 내가 대기업의 틀에서 벗어나 한 사람의 개인으로서 시작했기 때문에 계속할 수 있었던 프로젝트였다.

모르는 사람들로부터 '대단한 선견지명이네요' 또는 '취미로 하고 있어서 운이 좋으셨네요'라는 말을 듣기도 했다. 하지만 몇 번이고 같은 실패를 되풀이한 사람의 입장에서는 드디어 흐름에 잘 대응한 것 같아 '안심했다'는 것이 솔직한 기분이다.

———

호리에 다카후미의 선견지명

메타버스에 대한 선견지명으로 나를 새삼 놀라게 한 사람이 있다. 라이브도어의 전 사장으로, 우주 로켓을 만드는 기업 인터스텔라테크놀로지의 창업자 호리에 다카후미다. 애칭인 호리에몽(호리에＋도라에몽)으로 부르는 것이 더 친근할지도 모른다.

이 책을 쓰기 2년 전쯤, 아직 메타버스라는 말이 그다지 쓰이지 않던 시기에 나는 3D CG 기술을 배워 가상 공간에 현실 세계와 똑같은 도시를 생성해서 그 영상을 SNS에 올렸다. 경영자나 투자자의 태반이 '그걸로 돈을 벌 수 있겠어?'라는 반응을 보였고, 아무도 흥미를 보이지 않았다. IT업계의 지인들도 '뭔가 재미있을 것 같기는 한데 뭘 말하는지 잘 모르겠고, 이게 무슨 도움이 될지도 상상이 안 된다'라고 말했다. 적어도 기술적 흥미나 장래 가능성을 논의하며 분위기를 고조시킬 여력이 없는 상태였다. 나도 타이밍이 너무 이르다고 느꼈기 때문에 지금은 최대한 기술을 갈고닦자고 생각했다.

가상 공간 영상을 업로드했을 때 가장 먼저 흥미를 보이며 연락을 준 사람이 호리에 다카후미였다. 게다가 **그는 이것이 어떤 구조로 움직이고 어떤 과제가 있으며 장래에 어떤 산업에 응용될 것인지도 완벽하게 이해하고 있었다. 그래서 무척 놀랐던 것을 지금도 또렷이 기억한다.**

경영자나 투자자는 버즈워드가 되어 돈이 얽히지 않으면 흥미를 보이지 않았다. 반대로 장인 기질의 엔지니어나 크리에이터는 좋아서 몰두할 뿐 시장의 장래성에는 흥미가 없었다. 내가 초기에 이야기한 사람 중 메타버스 영역에서 기술의 본질과 장래성을 정확히 이해하고 있던 유일한 인물이 호리에 다카후미였다. 자신의 전문 분야를 자신이 잘 아는 것은 당연한 이야기다. 그런데 3D CG나 VR 전문가가 아닌 호리에 다카후미는 외부에서 본 것만으로 그 본질과 장래성을 간파하고 다른 산업으로의 응용 가능성까지 논의할 수 있었다. 그가 각별한 사람이라는 것을 새삼 인식하게 된 순간이었다. 게다가 3D CG나 VR이라는 메타버스의 토대를 지탱하는 기술이 위성 데이터나 달 표면 개발 같은 우주 산업과 연결될 것이라는 예측도 나와 일치해서 깜짝 놀랐다.

나는 줄곧 우주 개발과 메타버스가 곧바로 융합될 거라고 말하곤 했다. 하지만 지금도 그 이야기를 하면 2년 전과 똑같은 반응을 마주할 때가 많다. 메타버스와 우주 개발이라는 두 분야에 모두 정통하면, 기술적으로 궁합이 아주 잘 맞는다는 것이 보인다. 인간이 쉽게 진출할 수 없는 우주나 심해 영역에서는 사전에 3차원의 시뮬레이션을 되풀이할 필요가 있고, 그 때문에 우주 개발과 가상 공간 기술은 불가분의 관계다. 그러나 이 두 가지를 횡단하는 분야에서는 아직 메타버스 같이 이해하기 쉬운 버즈워드가 탄생하지 않았다.

그런 의미에서 나는 앞에서 소개한 니콜라 테슬라처럼 호리에 다카후미 역시 앞이 너무 잘 보였기에 앞서간 천재라는 인식을 갖고 있다.

국가 전략으로서 메타버스

마지막으로 메타버스라는 커다란 흐름을 개인의 인생이 아니라 국가의 전략으로 편입할 경우를 생각해보겠다. 개인이 메타버스를 '시시하다'라거나 '오타쿠나 아이들의 장난감'으로 생각해 장래성을 잘못 이해한다 해도 대수로운 일은 아니다. 그 사람의 기회가 사라질 뿐이다.

그러나 국가가 만약 메타버스 같은 신기술의 장래성을 잘못 이해했을 경우 그 영향은 막대하다. 산업은 통째로 다른 나라에 빼앗기고 중요한 인재는 해외로 유출되며 기업은 싼값에 팔리고 급여는 올라가지 않으며 경제성장은 멈추고 선진국으로서 영향력은 계속 떨어질 것이다. 현재 1억 이상의 국민, 앞으로 태어날 수천만 명 아이들의 인생을 좌우하는 일이기 때문에 엄중하게 생각해야 한다.

20년 전 일본은 바로 인터넷 분야에서 같은 실패를 저질렀다. 가전이나 자동차 등 하드웨어 제조로 나라를 성장시켜온 일본은 인터넷 같은 새로운 기술을 과소평가했다. 2000년대에는 '제조업 대국 일본'으로서 형태가 있는 것을 만드는 일이야말로 '실업實業'이고, 무형의 소프트웨어나 콘텐츠를 만드는 인터넷은 '허업虛業'이라고들 했다(지금도 그렇게 부르는 중년들이 많다). 그리고 이런 산업들을 규제의 대상으로 봤다.

그 후 일본의 가전 브랜드는 품질 좋고 값싼 한국이나 중국의 브랜드에게 세계 시장 점유율을 점점 빼앗겼고, 자동차 브랜드도 탈탄소, 전기자동차라는 세계적인 경향 안에서 똑같은 기로에 서게 되었다.

미국과 중국은 일찍부터 인터넷이 세계 산업의 중심이 되리라는 것을 간파하고 그 육성과 관리를 국가 차원에서 진행했다. 제조업에서 궁지에 빠지기 시작한 일본이 산업으로서 인터넷의 중요성을 깨달은 2010년대 무렵에는 이미 GAFA나 중국 3대 IT 기업인 BAT[Baidu·Alibaba·Tencent]라는 글로벌 IT 기업이 시장을 점유하고 있는 상황이었다.

일본은 국가로서 인터넷이라는 새로운 기술의 장래성을 잘못 봄으로써 그 후 10년간 성장 산업을 키워내지 못하고 세계에서의 영향력을 줄줄이 잃었다. **이대로 간다면 메타버스에서도 똑같은 실패를 겪게 될 수도 있다. 다만 이번에는 일본이 압도적으로 '유리한 입지 조건'을 갖고 있다. 실로 유리한 위치에 있는 것이다.**

콘텐츠 대국의 강점

일본이 만화, 애니메이션, 게임 등의 '콘텐츠 대국'이라는 점은 메타버스 산업에 있어서 매우 유리하다. 이렇게까지 일상적으로 만화를 보고 애니메이션을 접하며 게임에 돈을 지불하는 나라는 세계적으로 봐도 굉장히 드물다. 일본에서 만드는 콘텐츠는 해외로 수출되어 인기를 얻고 있어, 일본이 다른 나라에 자랑할 수 있는 몇 안 되는 산업이다.

만화에서는 『드래곤볼』, 『나루토』, 『원피스』 등이 옛날부터 중국이나 동남아시아에서 큰 인기를 끌었고, 최근에는 『귀멸의 칼날』이 영화로 만들어져 북미에서 크게 히트해 전미 흥행 수입 1위를 획득하는 쾌거를 거두었다. 영화에서는 지브리 작품이나 신카이 마코토 감독의 영화 〈너의 이름은〉이 큰 인기를 얻었다.

게임에서도 〈슈퍼마리오〉, 〈포켓몬스터〉는 세계적인 지명도가 있고, 각국에 열광적인 팬들이 있다. 〈파이널 판타지〉나 〈킹덤 하츠〉도 세대를 뛰어넘는 인기작이다. 닌텐도나 플레이스테이션을 만들고 있는 소니는 세계에서 알아주는 일본 기업이다. 나중에 말하겠지만 메타버스는 게임이 진입구 역할을 한다. 이런 콘텐츠를 제로에서부터 만들어낼 수 있다는 것은 매우 강력한 강점이 될 것이다.

 일본은 '인재, 지적재산권, 문화'라는 세 가지 지점에서 다른 나라에 비해 좋은 조건에서 출발할 수 있는 유리한 상태다. '인재'라는 측면에서 이만큼 만화나 게임이나 영상을 만들고 싶어 하는 사람이 넘치는 나라는 드물다. 데즈카 오사무 등 과거의 위대한 만화가가 롤모델로 자리 잡으면서 수많은 아이들이 누군가를 감동시키는 콘텐츠를 자기 손으로 만들고 싶어 했고, 그 결과 『원피스』나 『나루토』 등 많은 인기 작품이 만들어졌다.

 게임도 〈슈퍼마리오〉나 〈드래곤 퀘스트〉에 영향을 받은 세대가 어른이 되어 〈퍼즐앤드래곤〉이나 〈포켓몬스터〉 등의 게임을 만들어내면서 선순환이 생겨났다. 우수한 크리에이터가 대량으로 존재하고, 업계에 노하우도 축적되어 있다.

 '지적재산권'의 관점에서도 유리하다. 지적재산권이란 콘텐츠의 판권 같은 것이다. 〈슈퍼마리오〉, 〈포켓몬스터〉, 『원피스』 같은 세계적으로 인기 있는 작품의 지적재산권을 갖고 있기 때문에 이를 굿즈나 영화 등 다른 비즈니스로 확장할 수 있다. 메타버스에서도 세계에서 통용되는 이런 콘텐츠를 활용해 가상 공간을 만든다면 단숨에 이용자를 획득해 비즈니스의 성공 확률을 높일 수 있다.

 마지막으로 잊어서는 안 되는 것이 '문화'의 강점이다. 그다지 주목받지 못했지만, 일본 국민은 콘텐츠에 가장 돈을 많이 쓴다. 스마트폰 게임에서도 이용자 한 명당 과금액은 일본이 세계에서 단연 1위다. 만화 등의 콘텐츠에도 제대로 돈을 지불하는 습관이 있다. 메타버스에서도 아바타나 디지털 아이템을 구입하는 데 가장 저항이 적은 것이 일본인이다.

자국의 이용자가 세계에서 콘텐츠에 돈을 가장 잘 지불한다는 것은, 만드는 사람의 입장에서 크나 큰 행운이자 강점이다. 메타버스를 비즈니스로 성립시키기 쉬운 토대가 이미 눈앞에 마련되어 있는 것이다.

———

메타버스만이 경제 부활의 열쇠

한편 메타버스 외에도 얼마든지 새로운 산업이 있을 거라고 생각하는 사람이 있을 것이다. 하지만 다른 산업에서는 이런 강점을 살릴 수 있는 영역이 적을 뿐 아니라 타국과 격차가 점점 더 벌어지고 있다.

예컨대 인터넷 다음가는 산업으로 주목받는 우주 산업은, 군대를 보유하고 막대한 군사 예산을 가진 미국이나 중국 같은 나라에 굉장히 유리하다. 장래에는 우주가 전장이 될 가능성이 높기 때문에 제공권制空權이 아니라 제우制宇권을 다투기 위해서는 로켓이나 위성에 거국적으로 투자할 필요가 있다. 물론 행정이나 군대에서는 민간 기업에도 발주하기 때문에 산업으로서의 성장은 비교가 안 된다.

또한 양자 컴퓨터 같은 차세대 컴퓨터 영역도 구글이나 IBM 같은 거대 기술이나 기업이 예산을 물 쓰듯 투입해 개발하고 있기 때문에 차이는 점점 벌어지고 있다. 이 분야에 대한 글로벌 IT 기업의 연구 예산은 다른 국가의 연구 예산보다도 많다. 엔지니어나 연구자 인재도 비교가 안 될 정도로 층이 두텁다.

우주 개발이나 양자 컴퓨터 등 차세대 산업을 만드는 분야에서 일본은 출발 지점에서부터 이미 불리하다. 종합적으로 전망해봐도 '콘텐츠 대국'이라는 강점을 살릴 수 있는 유일한 신산업 분야가 메타버스다.

일본은 서서히 국가로서의 정체停滯가 현저해졌다. 하지만 메타버스는 일본이 오랜만에 그 존재감을 드러낼 수 있는 신산업이다. 그러므로 **만약 국가로서 신산업 육성을 생각하는 위치에 있는 관료나 정치가가 '〈세컨드 라이프〉잖아?', '결국 게임이잖아?' 하는 정도로 메타버스를 생각한다면 20년 전에 인터넷 분야에서 일어난 실패를 되풀이하게 될 것이다.**

개인이 신기술의 장래성을 잘못 파악하면 본인과 그 자녀의 인생이 희생되는 정도에 그치지만, 국가가 장래성을 잘못 파악하면 앞으로 태어날 수천만 명의 미래가 희생된다. 지금의 20~40대는 바로 그런 희생을 강요받은 세대이기 때문에 이번에는 자신들이 다음 세대에 같은 부담을 강요하는 일이 없도록 신기술과 진지하게 마주해야 한다.

한편 인터넷이 등장했을 때 윗세대의 반응과 메타버스가 등장하는 현재 어른들의 반응이 무척 흡사하다는 것에서도 기시감을 느낀다.

———

메타버스 산업에서 뒤처지게 된다면

그렇다면, 이 기술의 장래성을 잘못 파악했을 때 앞으로 일어날 수 있는 일을 예상해보자. 일본의 기술이나 크리에이티브에 관련된 인재의 급여는 다른 나라에 비해 상당히 낮다. 또 기업의 가치도 다른 나라에 비해 상대적으로 낮다. 미국이나 중국의 IT 기업 입장에서, 콘텐츠를 만드는 노하우도 있고 캐릭터 등의 지적재산권을 갖고 있는데도 어디에서도 투자받지 못하는 회사가 대량으로 있다는 사실은, 일본을 큰 수익을 거둘 수 있는 시장으로 여길 가능성이 크다.

　내가 만약 미국과 중국의 IT 기업이나 투자 펀드의 대표라면 일본의 영상제작 회사, 게임 회사, 출판사 등 콘텐츠의 권리와 크리에이터를 보유하고 있는 기업을 싼값에 살 것이다. 자국의 메타버스 기술과 융합함으로써 그 가치를 수십 배, 수백 배 높일 수 있기 때문이다. 한편 일본에서 보면 이런 권리와 인재가 다른 나라로 유출되는 것은 장래에 큰 손실이 될 것이다.

　그리고 이것은 바로 지금 우리 눈앞에서 벌어지고 있는 현실이다. 미국과 중국에서는 엄청난 금액이 메타버스나 우주 개발 등 '인터넷 이후의 기술'에 투입되고 있다. 매년 조엔 단위의 투자를 하는 회사가 이미 여러 곳이다. 앞서도 말했듯이 일본에서는 '〈세컨드 라이프〉잖아', '뭐야, 또 게임이야?' 하는 사고에 멈춰 있다. 이 영역을 빼앗기면 국가로서 장래의 성장 산업이 없어진다는 사태를 이해하고 있는 사람이 거의 없다. 이미 결정타를 맞기 일보 직전으로 보인다.

　예전에 인터넷이 탄생했을 때도 똑같은 분위기였다. 인터넷을 어떻게 규제할지에만 집중하다 보니 국가적 차원에서 큰 산업으로 키워나가지 못했다. 결과적으로 설립한 지 20년쯤 된 'GAFA'라 불리는 4대 IT 기업의 시가총액 합계가 일본의 모든 상장기업의 시가총액 합계를 상회할 만큼 차이가 벌어졌다.

그러나 이번에는 '인재, 지적재산권, 문화'라는 모든 면에서 유리하게 진행될 수 있는 조건이 현 단계에 갖춰져 있다. **이렇게까지 유리한 상태에 있으면서도 예전의 인터넷과 마찬가지로 다른 나라에 산업을 통째로 넘기게 된다면 그것은 정말 절망적인 일이다. 가치 있는 것이 눈앞에 있어도 그 가치를 깨닫지 못하면 보물을 갖고도 썩히게 된다.** 상위 1퍼센트에 속하는 능력 있는 사람들은 국가와 관계없이 전 세계에서 활약할 수 있기 때문에 특별히 신경이 쓰이지 않을 것이다. 그들은 영재 교육을 받은 창업가, 투자은행가, 컨설턴트, 재능 있는 크리에이터들이다.

그러나 99퍼센트에 속하는 사람들은 그렇지 않다. 개인의 풍요로움은 나라의 성장 전략과 밀접하게 연결되어 있다. 개인의 생존 전략으로서는 창의적 능력을 연마해 세계에서 기회를 찾아가는 것이 중요하다. 그런데 국가로서의 생존 전략은 그런 우수한 인재, 지적재산권, 문화의 중요성을 간파하고 보호하며 육성하고 지원할 수 있느냐에 달려 있다. 나는 **바로 이것이 일본의 '마지막 기회'라고 생각한다.**

그런데 이 책을 펼쳐 처음으로 '메타버스'라는 버즈워드를 알게 된 독자들은 우선 무엇부터 시작하면 좋을까? 나는 이 책을 벤처기업 세계에서 활약하는 창업가나 예비 창업가를 위해서만 쓴 것이 아니다. 전문적 지식이 있는 사람만 이해할 수 있는 학술서와도 다르다. **메타버스의 '세계'와 '만드는 법'을 통해 세계라는 것의 보편적인 법칙을 깨닫고 이해를 심화할 수 있도록 구성했다.** 메타버스를 이해한다는 것은 곧 세계를 이해하는 일이다.

2022년 3월
사토 가쓰아키

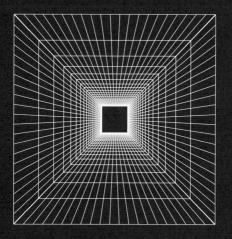

제1장

메타버스의 충격

신은 죽었다.

—

프리드리히 니체

인류 궁극의 물음

역사상 '천재'라 불리는 지적 선두 주자들은 '세계의 진리란 무엇일까?'라는 궁극의 물음에 대한 답을 구하기 위해 평생을 바쳐왔다. 수학자도 물리학자도 음악가도 예술가도 모두 그렇다.

영국의 수학자이자 물리학자이며 천문학자였던 아이작 뉴턴은 미분·적분법을 고안해 만유인력의 법칙에 다다랐다. 유대계 독일인 물리학자 알베르트 아인슈타인은 'E=mc²'이라는 상대성 이론을 고안하고 자기 나름의 연구로 세계의 진리를 해명하려 했다. 독일의 철학자이자 수학자 고트프리트 라이프니츠는 세상의 모든 것에 공통되는 법칙성을 추구하는 '보편학'이라는 학문을 수립했다.

세계, 그리고 우주의 모든 물질과 비물질은 모나드(단자)로 구성되어 있다. 이것들은 '벌거벗은 모나드', '영혼의 모나드', '정신의 모나드'라는 세 종류로 나뉘는데, 서로 관계를 맺으며 움직이는 것은 아니다. 그런데도 세계가 이렇게 성립된 것은 신이 지시에 따른 '예정조화豫定調和' 덕분이다.

라이프니츠는 이런 사상을 '보편학'으로 이론화했지만 너무 어려워서 아무도 이해할 수 없었다. 지금 내가 읽어봐도 너무 난해해서 종잡을 수가 없다. 라이프니츠의 머릿속에서는 '드디어 알았다! 이거야말로 세계의 메커니즘이다!'라는 고양감이 폭발했을 것이다.

연구자나 창업자와 이야기를 나눌 때면 '세계의 진리를 알고 싶다', '이 세계가 어떤 형태를 하고 있고 어떤 구조로 움직이고 있을까? 그것을 알지 못하고 죽는 것은 너무 아깝다'라고 말하는 사람이 있다. 이런 사람들, 특히 지적 호기심이 강한 사람들은 기술과 법칙성으로 사회를 움직이고 세계에 막대한 영향을 끼쳤다. 그런 사람들이 마침내 메타버스를 이용해 세계 자체를 조금 더 새롭게 만들고자 시도하고 있다.

메타버스라는 것은 세계를 창조하는 일이다. 그리고 세계를 새롭게 창출하기 위해서는 '세계란 무엇인가', '세계는 어떻게 움직이는가'라고 하는 자연·인간·역사 등의 보편적 법칙성을 이해해야만 한다. 그 법칙성을 이해하는 것이 과거

위인들의 목표 지점에 다다르는 방법이다.

단지 '정보로서 아는' 것만으로는 메타버스에 대해 깊이 이해했다고 할 수 없다. 정보로서 알고, 메타버스의 깊이와 심오함을 체험한 후에 스스로 메타버스를 만들어낼 수 있다. 거기까지 가야 비로소 '세계의 진리'에 닿을 수 있다.

기술은 기득권을 민주화한다

당초 **기술의 역할은, 일부 특권 계급만이 독점하고 있던 능력을 민주화하는 데 있다.** 정보 유통의 기능은 1980년대까지 텔레비전 방송국이나 라디오 방송국, 일부 출판사가 한 손에 쥐고 있었다. 미디어가 입법권, 행정권, 사법권에 이은 '제4의 권력'이라고 불린 이유다.

1990년대 중반부터 2000년대에 걸쳐 발전된 정보 혁명으로 정보 유통 기능이 인류 전원에게 개방되었다. 누구나 자유롭게 정보를 발신할 수 있고, 세상 저쪽 끝에 사는 사람이 발신한 정보를 세상 이쪽 끝에 사는 사람이 자유롭게 받을 수도 있다. 인터넷의 등장으로 정보가 민주화된 것이다. 예전에는 직업적인 기자가 아니라면 세계 곳곳에 정보를 발신할 수 없었지만 지금은 다르다. 스마트폰 하나만 있으면 지금 눈앞에서 일어나는 사건을 바로 찍어 동영상과 텍스트 정보로 실황 중계할 수 있다. 이름 없는 한 시민이 스마트폰으로 찍은 '특종 영상'을 CNN이나 BBC, NHK가 방송하는 역전 현상도 일상다반사가 되었다.

얼마 전까지는 자금 조달도 일부 투자자나 창업자만 할 수 있었다. 그러나 지금은 모션갤러리MotionGallery나 캠프파이어CAMPFIRE라는 편리한 플랫폼이 탄생한 덕분에 크라우드펀딩으로 모든 사람이 언제든지 자금을 조달할 수 있게 되었다. 이것 역시 '금융의 민주화'다. 검색엔진은 '살아 있는 사전', '걸어 다니는 백과사전'으로 존경받아온 극소수의 박식한 사람들을 무력화하고 지식을 민주화했다. 또한 비트코인 등의 가상화폐는 돈을 민주화했다.

기술은 '운명에 저항하는 무기'

인간 사회는 경제, 감정, 기술이라는 세 가지 벡터가 끌고 간다. 사회를 만들 때 '돈을 벌다'라는 경제적인 요소가 빠지면 사람들은 의욕을 잃는다. 한편 이런 동기는 돈만으로 충분하지 않다. '사회에 공헌해 누군가의 도움이 되고 싶다'라든가 '노력하는 과정이 매우 즐겁고, 또 마음이 동한다'는 식의 감정이입이 없으면 좀처럼 몰두할 수 없다.

경제에 의해 사회가 발전하고 감정에 의해 크고 작은 공동체가 연결되며 기술의 발전에 의해 사회가 진화해왔다.

나는 후쿠시마현의 모자母子 가정에서 태어났다. 우리 가정의 연 수입은 100만 엔(약 919만 8,300원)대 전반이었다. 아무리 물가가 싼 지방 도시라고 해도 명백한 빈곤 세대였다. 너무나도 가난한 가정에서 자랐기 때문에 나는 18세가 될 때까지 컴퓨터를 만져본 적이 전혀 없다. 2006년에 와세다대학교 법학부에 입학했을 때 나는 학교에서 컴퓨터로 메일을 보낼 수 없는 거의 유일한 학생이었다. 주위의 동급생에게

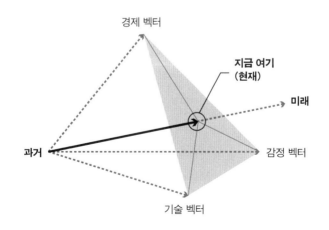

메일을 어떻게 보내는 것인지 물어본 뒤 키보드를 치는 법부터 클릭하는 방법까지 처음부터 하나하나 배웠다.

대학에서 공부하는 것보다 스스로 창업하는 쪽이 지름길이라고 깨달은 나는 1학년 때 휴학을 했다. 인터넷 분야에서 회사를 설립해 전 세계에서 비즈니스를 전개하기도 했고 상장을 경험하기도 했으며, 책을 써서 베스트셀러 작가가 되거나 우주 개발 사업을 시작하는 등 다양한 시도를 했다. 컴퓨터와 인터넷을 만나 세계와 연결하는 기술을 손에 넣은 덕분에 지금 나는 평범하게 살고 있다. 10대 끝자락에 우연히 기술에 대한 정보를 손에 넣지 못했다면 인생이 참으로 절망적이었을 것이다.

인맥이나 경험이 없고, 지지 기반이나 간판(지명도), 돈이 없어도 기술이 있으면 사람은 세계와 연결될 수 있다. 인터넷 덕분에 나는 이 세상에서 살아갈 거처를 찾을 수 있었다.

나의 가정환경은 여러 면에서 평균보다 나은 게 전혀 없었다. 하지만 새로운 기술 덕분에 도전이 가능했다. 지금 혹독한 환경에서 살고 있다고 해도, 자기 삶에 절망할 필요는 없다. 기술을 한 손에 쥐면 항해를 시작할 수 있다.

메타버스란 '신의 민주화'

그렇다면 메타버스라는 테크놀로지는 무엇을 민주화해 사람들 손에 건네는 것일까? 그것은 '신'이다. 그리스도교나 유대교, 이슬람교 같은 세계종교는 1,000년 이상에 걸쳐 '세계는 신이 창조했다'고 믿어왔다. 메타버스가 형성하는 '또 하나의 세계'는 신이 창조하는 게 아니다. 메타버스를 만드는 것은 인간이다.

신만이 가능하다고 믿어온 세계를 창조하는 능력을 마침내 만인에게 개방하는 것이 바로 메타버스라는 이노베이션이다. 다시 말해 **메타버스는 '신의 민주화'인 것이다.** 기술적으로도, 학문적으로도, 종교적으로도 메타버스가 세계에 초래하는 변화는 '혁명'이라고 할 수밖에 없을 만큼 과감해질 것이다.

마이크로소프트의 파워포인트라는 소프트웨어가 없었던 시절, 회의에서 프레젠테이션을 하려면 엄청난 수고가 수반되었다. 'OHP 시트'라 불리는 투명한 필름에 도표를 그리고, 레이저프린터 형태를 한 프로젝터를 이용해 대형 스크린에 비추어야 했다. 필름을 자동으로 교환할 수 없다 보니 '다음!'이라는 지시를 받은 어시스턴트가 수동으로 한 장씩 필름을 교체했다. 지금 돌이켜보면 엄청난 물질적, 인적 비용을 지불해야 했던 셈이다.

1995년에 '윈도즈 95'가 발매되자 워드, 엑셀과 나란히 파워포인트가 침투했다. 이제 그래프나 도표를 손으로 직접 그리고, 한 장 한 장 자료로 정리하는 노력은 필요하지 않게 되었었으며, 누구나 2차원 그래프를 이용해 수많은 청중에게 알기 쉽게 프레젠테이션을 할 수 있게 되었다. 게다가 비용은 거의 제로다. 이것이야말로 기술에 의한 혁명이다.

메타버스가 형성하는 세계관은 파워포인트 자료처럼 2차원의 정지 영상이 아니다. 깊이 있는 3차원 구조이므로 세계를 파악하는 방법이 전혀 다르다. 오랫동안 문자만을 사용해 커뮤니케이션을 해온 사람들은 2차원 그래프가 나온 순간 '이건 뭐지?' 하고 당황했다. 직감적으로 이해하기는 쉬웠지만, 자신이 그것을 어떻게 다루면 좋을지 상상이 되지 않았다.

메타버스를 처음 접한 사람도 처음에는 당황할 것이다. 지금까지 2차원의 정보 공간으로 전해온 일이 3차원으로 치환되는 것이니, 사람들이 이 감각에 익숙해지기까지는 10년 정도의 시간이 필요할지도 모른다. 그러나 지금은 당연해진 파워포인트처럼 메타버스 역시 머지않아 아무런 위화감 없이 우리 생활에 스며들고, 그리고 그것이 없던 시절로는 돌아갈 수 없게 될 것이다.

거대 IT 기업의 새로운 싸움터

비즈니스 측면에서도 큰 변혁이 일어난다. 2021년 7월부터 페이스북의 CEO인 마크 저커버그가 '메타버스'라는 말을 연속해 사용하기 시작했다. 2021년 10월 28일에는 회사명을 'Meta'로 변경해 세계를 놀라게 했다. **2021년에만 메타버스 사업에 100억 달러**(약 13조 3,700억 원)**를 투자하고, 이후 10년간 총 10조 엔**(약 91조 9,310억 원)**을 투자한다**는 것이었다. 이 말은 곧 저커버그가 메타버스로 세계를 제패하기 위해서는 그만한 시간과 자금이 꼭 필요하다고 생각했다는 증거다.

2021년 9월 페이스북의 전직 구성원이 6,000페이지 이상이나 되는 내부 문서를 보도기관에 공개해 큰 소동이 일어났다. 페이스북 사용자 계정의 개인정보가 유출되었다는 사실이 발각되어 광고 수입이 막혔다. 사용자의 불안 심리 등 부정적 정서 악화를 방지하는 조치를 적절히 취하지 않고 사실상 게을리했던 사실도 폭로되었다. 페이스북은 사회적인 비난에 노출되었고 저커버그는 미 의회의 공청회에 불려갔다.

게다가 페이스북은 왓츠앱이나 인스타그램의 매수가 독점

금지법 위반에 해당한다는 힐난을 받고 미연방 거래위원회로부터 제소까지 당했다. IT업계의 풍운아였던 저커버그는 프라이버시와 독점금지법 문제로 전 미국에서 혹독한 비난을 받았다. 저커버그로서는 사운을 걸고 필사적으로 메타버스 시장을 확보하고 싶었을 것이다.

필사적인 것은 페이스북만이 아니다. 디즈니도 그렇고, 디즈니와 격렬하게 경쟁을 벌이고 있는 중국의 텐센트도 마찬가지다. **이제 미국이나 중국의 거대 IT 기업에서는 '스마트폰과 소셜 미디어 다음의 큰 이노베이션은 메타버스'라는 인식을 공유하고 있다.** 메타버스에 수조 엔 규모의 거대한 투자가 이루어져 총 수십조 엔의 시장 규모가 되는 것은 이제 정해진 수순이다.

지금까지는 일본의 우라야스나 캘리포니아, 플로리다, 파리, 그리고 홍콩이나 상하이의 디즈니랜드까지 고객이 직접 티켓을 사러 와야 했다. 공간적인 제한이 있기 때문에 도쿄 디즈니랜드도 하루 4만 명 정도만 수용 가능하다. 그러나 **메타버스에 가상의 디즈니랜드를 만들면 공간적인 제한이 사라진다. 수억 명이 넘는 사람도 로그인만 하면 놀이 시설 앞에서 몇 시간씩 줄을 설 필요가 없다.**

가상 공간을 점점 넓혀 놀이 시설의 종류도 늘릴 수 있다. 〈어벤져스〉나 〈스파이더맨〉, 〈헐크〉 등 마블의 인기 영화도 앞으로는 메타버스 놀이공원으로 전개될 것이다. 이제 영화도 객석에 가만히 앉아 2차원 화면으로 보지 않게 될 것이다. 자신이 영화의 주인공으로서 모험을 즐기거나 단역 캐릭터(그 밖의 수많은 군중)의 한 사람으로서 마블 영화에 참여하게 될 것이다. 영화, 게임, 액티비티가 하나가 된 전방위적 엔터테인먼트 산업이 생겨나는 것이다.

디즈니나 마블, 닌텐도는 이미 전 세계에 이름이 알려진 캐릭터를 갖고 있다. 이런 회사는 메타버스업계의 압도적인 강자다. 이미 그들은 아주 빠른 속도로 준비를 시작하고 있다. 메타버스가 예전에 실패했던 〈세컨드 라이프〉와 같은 전철을 밟는 일은 없을 것이다. 메타버스 붐은 일시적인 거품이 아니라 세계의 거대 기업이 필연적으로 향하는 본류다.

———

메타버스에 관한 세 가지 오해

'메타버스라니, 하하!' 하며 무시하는 사람이 있다. 2022년 당시만 해도 일본 사회에는 메타버스에 관한 세 종류의 억측이 소용돌이치고 있었다.

첫째는 '콘텐츠가 없는 상태에서 메타버스를 만들어봤자

실패한다'라는 억측이다.

과거 〈세컨드 라이프〉에서 계정을 만들었지만 그곳에서 할 일이 보이지 않아 철수한 기억이 있는 사람들은 '어차피 그때의 전철을 밟겠지' 하며 냉소를 보내고 있다.

둘째는 '예전부터 〈파이널 판타지〉가 있었잖아. 메타버스 같은 건 그 이름을 바꾼 것뿐이야', '소셜 게임 따위는 결국 제조사가 돈을 버는 수단일 뿐이잖아. 그런 건 시시해'라는 억측이다.

셋째는 'VR 단말기를 쓰고 어슬렁거리다니, 무겁고 피곤 하니까 유행하지 않을 거야'라는 억측이다.

VR은 시각 정보도, 청각 정보도 많아서 30분 이상 연속으로 사용하면 멀미를 할 거라 걱정하는 사람도 있다.

그런데 2004년 서비스를 시작한 일본의 인터넷 커뮤니티 사이트인 믹시mixi나 페이스북이 탄생한 무렵, 일본의 중장년층이 뭐라고 했는지 기억하는가? 그들은 '이건 다이얼 Q2와 비슷한 거네' 하고 억측했다. 다이얼 Q2는 정보 제공자를 대신해 전화 회사가 전화 요금과 함께 정보 요금을 징수하는 서비스다.

지금의 젊은 세대는 '다이얼 Q2'가 뭔지 모를 것이다. 1980년대 말부터 1990년대 초에 걸쳐 NTT가 '0990'으로 시작하는 유료 전화번호를 개설했다. 여기에 전화를 걸면 전화방이나 이성 만남·성인물 서비스에 액세스할 수 있었다. 전화방은 남성 회원이 전화가 있는 밀실에 들어가 여성과 통화를 나누는 유흥업소다.

물론 믹시나 페이스북을 이성 만남 서비스나 이성을 유혹하는 각축장으로 활용하는 사람이 있을지도 모른다. 하지만 99.9퍼센트가 넘는 대다수는 믹시나 페이스북을 새로운 커뮤니케이션 툴로 유효하게 활용했다.

첫 번째와 두 번째 억측은 곧 언급할 '게임'에 대한 인식의 차이가 큰 요인이다. 사람들은 항상 새로 나오는 기술을 이미 있는 무언가를 근거로 억측해 본질을 오인한다.

세 번째 억측은 'VR 단말기가 보급되지 않는 한 메타버스는 보급되지 않는다'는 인식이 원인이다. 나중에 말하겠지만 메타버스의 본질은 '인터넷이 다루는 콘텐츠가 2차원에서 3차원으로 발전하는 것'이다. VR 디바이스의 보급이 늦어진다고 해도 문제없이 나아갈 것이다. 또한 VR 디바이스가 무겁고 사용하기 힘들다는 점도 기술 혁신에 따른 적응으로 극복될 가능성이 높다.

VR 디바이스를 머리에 쓰는 게 귀찮다고 말하는 사람도 있겠지만, 3~4세 무렵부터 그것을 체화한다면 위화감은 없을 것이다. 옛날 사람들 입장에서 보면 '스마트폰을 한 손에 들고 거북목을 하고 있다'든지 '작은 화면을 계속 손가락으로 문지르고 있다'든지 '컴퓨터 앞에서 몇 시간이고 계속 앉아 있다'든지 '헤드폰을 끼고 있는' 행위는 모두 부자연스러울 것이다.

하지만 앞으로 세계를 짊어질 젊은이들에게는 그런 행동 양식에 대한 거부감은 없다. 태어난 순간부터 그걸 당연하게 여겨온 사람에게 스마트폰이나 컴퓨터는 이미 육체의 일부나 다름없다.

———

너무 일렀던 〈세컨드 라이프〉

2003년에 미국의 린든 랩이 출시한 〈세컨드 라이프〉에 대해서는 이미 앞에서도 언급했다. 2005년 〈세컨드 라이프〉는 한 시대를 풍미하며 하나의 사회 현상이 되었다. 일본 기업 중에서는 토요타와 닛산 자동차가 참여해 가상 공간에 자동차 자동판매기까지 세팅했다.

다만 고급 사양의 PC와 고속 통신망이 충족되지 않으면 아바타가 어색하게 움직이거나 먹통이 되었다. 또한 참가자가 너무 많으면 영상 전환이 느려시기도 했다. 시대를 너무 앞서간 탓에 〈세컨드 라이프〉는 인프라로 성장하지 못하고 기세가 꺾이고 말았다.

　그러나 이 한 사례만으로 〈세컨드 라이프〉는 나쁜 본보기'라고 결론짓는 것은 경솔한 생각이다. 그 후 〈세컨드 라이프〉는 '린든 달러'라는 가상화폐를 만들었다. 〈세컨드 라이프〉 안에서 통용되는 이 가상화폐는 고정제가 아니라 변동제다. 게다가 흥미롭게도 〈세컨드 라이프〉 안에서 린든 달러와 진짜 미국 달러를 교환할 수 있었다. 〈세컨드 라이프〉는 이 서비스를 수익화해 착실히 돈을 벌었다.

　〈세컨드 라이프〉에서는 이용자가 집이나 옷을 직접 디자인해 누군가에게 팔 수도 있었다. 개인이 디자인한 3D 자산의 저작권이 서비스 내에서 보장되어 판매액에 따라 보수가 자동으로 분배되는 구조였다. 이 기술은 가상화폐가 훗날 도입한 블록체인이나 NFT의 원형 그 자체다.

　만약 〈세컨드 라이프〉가 이 타이밍에 서비스를 시작했다면 메타버스업계를 재빨리 석권했을 것이다. 20년만 늦게 등장했다면 〈세컨드 라이프〉는 거액의 부를 창출했을 것이다. 이처럼 〈세컨드 라이프〉의 실패가 반면교사가 되어준 덕분에 〈포트나이트〉나 〈에이펙스 레전드〉 등 3D 계열의 서비스는 같은 잘못을 되풀이하지 않아도 되었다.

　지금은 단말기 스펙도, 통신 속도도 20년 전과는 비교도 안 될 정도로 좋아졌다. 기술 환경이 변한 지금 '메타버스 같은 건 〈세컨드 라이프〉의 재탕이잖아'라고 냉소하지 않는 게 좋을 것이다.

———

혁명의 본질은 인터넷의 3차원화

메타버스 혁명이란 단순한 VR 기술의 혁명이 아니다. ① 컴퓨터의 성능, ② 통신 속도, ③ 3D CG 기술이라는 세 가지 발전이 맞물린 '인터넷 3차원화' 혁명이다.

'VR', '3D CG', '메타버스'라는 까다로운 용어가 많이 나오므로 여기서 말의 의미를 한번 정리하고 넘어가자.

VR이란 Virtual Reality(가상 현실)의 약어인데, 이 말이 업계나 미디어에서 사용되는 경우는 머리에 쓰는 고글형 단말기나 그 고글을 통해 보는 3차원 가상 공간을 가리킨다. 기본적으로는 고글을 쓰고 몰입하느냐 마느냐가 포인트이며, 콘텐츠도 시청할 뿐 아니라 돌아다니거나 바라보는 '체험'과 한 세트다. 이건 아마 여러분이 생각하는 VR 이미지와 다르지 않을 것이다.

한편 3D CG는 3D(3차원)와 CG^{Computer Graphics}를 이어 붙인 조어로, VR과 아주 유사하지만 의미가 다르다. 3D CG라는

단어는 컴퓨터에서 3차원 콘텐츠를 묘사하는 기술 그 자체를 가리키는 경우가 대부분이다. 그리고 3D CG 기술은 VR 고글이나 체험형 콘텐츠에 그 용도가 한정되지 않는다. 우리가 자주 보는 드라마, 영화, 애니메이션 등에도 옛날부터 사용되고 있고, 최근에는 3D CG 기술을 사용하지 않는 게임을 찾아보기가 어렵다.

3D CG는 텔레비전 같은 평면에 영상이라는 형태로 비출 수도 있고, 게임처럼 이용자가 직접 조작해서 화면을 돌아다니게 할 수도 있다. 물론 VR 고글을 쓰고 이용하는 몰입감 있는 콘텐츠에서도 활용된다. 다시 말해 3D CG는 컴퓨터에서 3차원 데이터를 다루는 기술이지만, 출력되는 인터페이스나 스크린이 2차원이라도 상관없다.

그리고 '메타버스'라는 말은 앞으로 VR과 3D CG의 딱 중간 의미로 사용될 것으로 예상한다. 다시 말해 3D CG처럼 깊이가 있는 3차원 데이터이긴 하지만, 출력되는 화면은 2차원도 되고 3차원도 되는 가상 공간이라는 의미로 사용될 것이다.

실제로 〈포트나이트〉나 〈마인크래프트〉, 〈로블록스〉이 메타버스로 분류되는 게임은 스마트폰, PC, 게임기가 메인으로 사용되고, VR 단말기에 대응하지 않는 콘텐츠가 다수다. 또한 일본에서 제작한 클러스터Cluster 같은 플랫폼도 VR 단말기, 스마트폰, PC의 멀티 디바이스에 대응한 플랫폼이다. 현재는 아직 VR 단말기의 보급 대수가 적기 때문에 당분간은 멀티 디바이스가 전제될 것이다.

'메타버스=VR 고글이 필수'라고 생각하는 사람이 많다. 하지만 이미 10대 아이들은 VR 단말기 같은 게 없어도 인터넷의 3D 공간에서 자유자재로 돌아다닌다.

VR 단말기의 보급을 기다리지 마라

스마트폰이 처음으로 발매된 당시 사람들은 대부분 '이건 신형 휴대전화구나' 하고 착각했다. 하지만 그 착각 덕분에 스마트폰은 단숨에 보급되었다. 스마트폰의 정체는 휴대전화가 아니라 초소형 컴퓨터였다.

도구는 타자기 → 워드프로세서(전자 타자기) → 컴퓨터 순서로 바뀌었고, 디지털 디바이스는 휴대전화 → 스마트폰으로 바뀌었다. 과거 25년간 IT업계의 혁명은 단말기 주도로 이뤄졌다. 컴퓨터가 보급된 뒤로 마이크로소프트가 개발한 워드와 엑셀, 파워포인트 같은 소프트웨어가 보급되었다. 스마트폰이 보급된 후 라인, 인스타그램이라는 애플리케이션이 보급되었다. **'디바이스가 보급되고, 이어서 콘텐츠가 보급된다.' 이것이 인터넷의 대전제 법칙이었다. 그 법칙이 이번에는 예외적으로 무너지고 있다.**

현대인에게는 아직 VR을 장착하는 습관이 없다. 〈포트나이트〉나 〈마인크래프트〉와 같은 온라인 게임을 즐길 때 VR 고글을 장착하는 사람은 없다. 사람들이 새로운 습관을 몸에 익히는 데는 나름의 시간이 걸린다. 메타버스의 보급 이전에 PC, 스마트폰, 게임기에 의한 3D CG 콘텐츠의 유행이 먼저 올 것이다.

VR 단말기의 보급은 뒤늦게 찾을 것이다. VR 단말기는 나중에 덧붙여지는 '플러스 α', 즉 요리에 양념으로 넣는 후추 같은 것이라고 생각하면 된다. 이미 현 상황에서도 30만 엔(약 275만 4,960원)이나 하는 최고급 사양의 게임용 PC가 없어도 온라인 게임은 문제없이 즐길 수 있다. 고액의 게임용 PC가 있으면 더 좋겠지만, 없어도 전혀 문제가 되지 않는다. 현재 메타버스에서는 VR 단말기가 그 정도의 도구다.

그러므로 현명한 기업은 VR의 최적화를 뒤로 미룰 것이다. 대부분의 IT 기업이 우선은 3D CG 기술을 연마하고 3~5년 뒤를 바라보며 VR 단말기에 대응해가는 그런 움직임을 보이지 않을까 싶다.

VR 디바이스 보급 전의 과제

실제로 **VR 단말기는 기술적으로나 보급 면에서 큰 과제를 안고 있으며, 지금은 한창 그것을 극복해나가는 단계에 있다.** 여기서 그 과제와 발전에 대해 몇 가지 예를 들어 이야기해보도록 하겠다.

IT 분야에 종사하는 사람이라면 느끼겠지만, **PC나 스마트폰에 비해 VR 단말기의 보급은 무척 느리다.** VR 단말기는 예전부터 존재했고, 2010년대 전반에도 주목받으며 많은 VR 디바이스가 발매되었다. 하지만 최근 10년간 국민 대다수가 사용하게 된 스마트폰처럼 폭발적으로 보급되는 일은 없었다. 일부 업계 사람이나 마니아들의 디바이스라는 인상이 강하다.

실제로 수치를 보면 2020년의 PC 출하 대수는 약 3억 대, 스마트폰이 12억 대인 것에 비해 VR 헤드셋은 1,600만 대에 불과하다. 단위가 한두 자리 차이 날 정도다. 2021년 시점의 추정 이용자 수는 PC가 30억 명, 스마트폰이 50억 명이지만, VR은 1억 명에도 미치지 못할 것이다.

다른 디바이스와 비교해 VR 단말기의 보급이 진전되지 않는 이유 중 하나는 **'원래 인류에게 고글을 쓰는 습관이 없다'**

라는 점이다.

사실 PC나 스마트폰 등의 디바이스는 원래 정착해 있던 습관에 올라타는 형태로 보급되었다. PC의 보급은 그 이전부터 존재했던 타자기나 주판처럼 책상 위에서 뭔가를 입력하는, 근대에 들어 당연해진 습관에 올라탄 것이다.

스마트폰은 그 이전 시대에 휴대전화를 소지하는 습관이 세상에 퍼져 있었고, 거기에 컴퓨터의 다양한 기능을 탑재하는 형태로 단숨에 보급되었다. 다시 말해 **PC도 스마트폰도 사람들의 습관을 제로에서 바꾼 것이 아니라, 원래 정착해 있던 습관에 올라탔기 때문에 낮은 비용으로 속도감 있게 보급되었던 것**이다.

한편 VR 단말기의 경우 지금까지의 역사에서 인류는 머리에 고글을 장착하는 습관을 갖고 있지 않았다. 즉 올라탈 수 있는 습관이 없는 것이다. 그 때문에 이용자가 고글을 쓰는 행위에 익숙해지기까지의 비용을 VR업계가 지불해야 한다. 사람들이 지금까지 하지 않았던 것을 새로 하게 만들려면 막대한 시간과 금전이 들어간다. 현재의 생활 습관을 바꾸면서까지 새로운 습관으로 정착하려면 상당한 매력이나 이점이 있어야 하는 것이다.

VR 단말기 보급을 위한 세 가지 접근

VR 단말기가 습관의 제약을 돌파하고 보급되려면 세 가지로 접근해야 한다.

첫째는 기존 습관을 바꾸길 포기하고 '아직 습관이 몸에 배지 않은 다음 세대를 노리는' 것이다. 구체적으로는 아이들에게 사용하게 하는 것이다. 어른은 지금까지의 습관에 익숙해져 있기 때문에 어지간한 이점이 없으면 적극적으로 도입하려 하지 않는다. 하지만 아이들은 아직 습관이 몸에 배지 않아서 재미있다고 생각하면 금세 손을 내민다.

아직 새로운 상황에 놓여 있는 아이들이 사용에 익숙해지면 그들이 어른이 되었을 때는 현재의 PC나 스마트폰처럼 당연한 도구로 생활에 녹아들 수 있다. 다시 말해 'VR 네이티브 세대'의 등장을 기다리는 것이다.

둘째는 '이미 정착한 습관을 찾아서 가능한 다가가는' 방식이다. 인류에 정착한 습관 중, 이에 가장 가까운 것이 '안경을 쓰는' 습관이다. 현재 VR 단말기는 아직 안경만큼 손쉽게 쓸 수 있지 않지만 나날이 경량화가 진행되고 있다. 안경을 쓰는 것처럼 손쉽게 귀에 걸치고 사용할 수 있게 된다면 PC나 스마트폰처럼 폭발적으로 보급될 가능성이 있다.

셋째는 '패션의 일부로 만드는' 방법이다. 이전에 애플의 일본법인 사장을 했던 사키토 요시아키에게서 애플 제품의 마케팅에 관한 철학을 상세히 들은 적이 있다. 기본적으로 하이테크 기기 제조사는 그 제품의 성능을 어필한다. 좋은 음질, 오래가는 배터리, 고화질 등 기능 면의 차별화를 내세운다.

한편 스티브 잡스가 복귀한 후의 애플은, 고객이 자사 제품에 대해 '쿨'하게 느끼도록 마케팅의 주안점을 두었다. 애플 제품을 소유하는 것을 패션의 일부로 느끼게 만들면 지금까지 하이테크 기기를 접하지 못한 사람에게까지 수요를 확대할 수 있기 때문이다.

습관이 사회에 정착하기 위해서는 수십 년이라는 긴 시간이 필요하다. 하지만 패션은 1년 단위로 바뀌는, 변화가 심한 세계다. 만약 자사의 하이테크 제품을 패션의 일부로 녹일 수 있다면 패션의 유행이라는 맥락을 타고 속도감 있게 세상에 보급시킬 수 있다. 그 때문에 애플은 마치 명품 브랜드 점포인 양 새하얗고 높은 천장을 가진 숍을 만들거나 마치 뮤지션의 신곡 발표회 같이 CM을 틀어 패션이나 유행에 민감한 젊은층에 호소하는 전략을 택해왔다.

결과적으로 애플은 패션에 민감한 사람이나 크리에이티브한 사람을 아군으로 끌어들여 세계 최대의 하이테크 제조사로 성장했다. 이 착안점과 후각이야말로 스티브 잡스를 마케팅의 천재라고 부르는 이유이기도 하다.

현재의 VR 단말기는 패션의 성격을 전혀 고려하지 않고 있으며, 아직 그런 편린조차 보이지 않는다. 다만 앞으로 애플도 VR에 본격적으로 참여하는 만큼, VR 단말기도 편리한 하이테크 기기 이상의 패션적인 부가가치를 띠고 세상에 보급될 가능성이 크다.

———

VR 단말기 보급의 기술적 제약

지금까지는 VR 단말기가 보급될 때의 습관적인 허들에 대해 이야기했다. 지금부터는 기술적인 허들에 대해서도 다뤄보고자 한다.

이미 VR 단말기를 갖고 있는 사람이라면 알고 있겠지만, **VR은 PC나 스마트폰처럼 5~6시간 계속 사용하기는 힘든 디바이스다.** 무거운 헤드셋을 어찌어찌 머리에 장착해도 시각이 항상 화면에 가려지기 때문에 PC나 스마트폰으로 화면을 보는 것보다 눈이나 신체에 주는 부담이 훨씬 크다.

또한 'VR 멀미'라고 불리는 현상도 있다. 이는 차를 탔을 때의 멀미 같은 것으로, 뇌가 처리하는 시각과 신체 정보 사이에 장시간에 걸친 차이가 있으면 속이 안 좋아지거나 현기증이 나는 현상이다.

뇌는 눈을 통해 외계의 정보를 인식하는데 뇌가 풍경을 처리하는 속도와 컴퓨터가 화면을 처리하는 속도에는 약간의 차이가 있다. 이 차이에 장시간 노출되면 뇌가 혼란스러워져서 VR 멀미가 일어난다.

컴퓨터의 성능이나 애니메이션, 그래픽의 빈약함이 원인인 경우도 많다. 또한 가상 공간을 날아다니거나 뛰어다니는 콘텐츠를 체험하는 경우 시각은 이동하지만 신체는 가만히 있게 되는 인식의 어긋남이 일어난다. 이처럼 시각 정보와 평형 감각이 어긋나 속이 안 좋아지는 경우도 있다. 다만 VR 멀미에 관한 문제는 어느 정도 기술적으로 해결 가능할 것으로 보인다. 사람이 멀미를 하는 메커니즘이 점점 해명되면서 디바이스나 콘텐츠를 만드는 측도 그 점을 고려해서 시스템을 설치해나갈 것이다.

또한 사람에게는 '익숙해지는 경향'이 있기 때문에 일상적으로 사용하면 뇌나 신체에 내성이 생겨 멀미를 느끼지 않게 될 수도 있다. 특히 지난 10년간 VR 단말기의 발전에는 아주 놀랄 만한 점이 있었다. 2010년 초기의 VR은 거대하고 무거운 헤드셋, 수십만 엔이나 하는 고급 사양의 PC, 복잡한 코드, 돌아다니기에 충분한 넓은 공간이 있어야만 즐길 수 있었다. 그런데 최근에는 경량화가 진행되어 헤드셋 하나로 즐길 수 있고, 별도의 PC가 필요하지 않은 독립형 VR 단말기도 일반화되었다.

근래에는 그래픽의 발전도 눈부시다. 핀란드의 VR 스타트업 바르요Varjo는 **사람의 눈과 유사한 수준의 초해상도를 실현하는 VR 단말기를** 개발하고 있다. 일반적으로 사람의 눈이 인식할 수 있는 각도당 화소 수는 최대 60PPD(Pixel Per Degree, 시야각 1도당 해상도) 정도라고 하는데 바르요의 최상위 모델은 최대 70PPD를 실현할 수 있다고 해서 전 세계의 주목을 받았다.

제조 비용의 문제는 있지만 이미 VR 단말기가 실현할 수 있는 해상도는 인간의 눈을 넘어섰다. 여기까지 오면 조금 전에 말했던 그래픽의 빈약함이 일으키는 VR 멀미는 줄어들 것이다. 또한 **사람의 눈과 같은 수준의 해상도가 되면 VR 고글을 쓰든 벗든, 보이는 세계가 달라지지 않는다는 신기한 현상을 체험할 수 있다.** VR이 안경처럼 가벼워지고 쓰는 느낌도 개선되면 현실 세계와 가상 세계 중 어느 쪽을 보고 있는지 순간적으로 알 수 없는 수준까지 충분히 도달할 수 있을 것이다.

또한 바르요는 기술적으로도 굉장히 흥미로운 노력을 하

고 있다. **시선 추적**^{Eye Tracking} **기술을 활용해 사람의 눈이 어디를 보고 있는지를 포착한 후, 그 사람이 보고 있는 시야 중심의 해상도만을 사람의 눈 수준으로 높이려는 시도**이다. 만약 시야에 비치는 모든 경치를 사람 눈의 수준으로 해상도를 높이면 컴퓨터에 엄청난 부담이 되어 단말기도 거대해지고 만다. 그러나 사람이 초점을 맞추고 있는 범위만 실시간으로 특정해 해상도를 높이면 저부담으로 같은 수요를 만족시킬 수 있다.

실제로 현실 세계를 육안으로 볼 때도 초점 바깥쪽은 흐려지기 때문에 고해상도로 묘사할 필요가 전혀 없다. 디바이스 개발에는 아직 이런 고안의 여지가 아주 많고 기술은 나날이, 다달이 발전하고 있다.

현재는 VR 단말기가 습관적, 기술적인 측면에서 폭발적으로 보급되고 있지는 않지만, 앞에서 말한 모든 접근을 전 세계의 기업들이 모색하고 있다. 이런 접근이 상승효과를 발휘해 보급 속도는 점점 빨라질 것이다.

메타버스의 진입구는 '게임'

메타버스를 부정하는 사람들이 흔히 하는 '메타버스 같은 건 게임이잖아'라는 말에는 인터넷업계에서 암암리에 게임을 아래로 보고 있다는 뉘앙스가 담겨 있다.

지난 30년간 인터넷업계에서는 뉴스나 SNS가 서비스의 '진입구'이고 게임은 수익화를 위한 '목표'였다. 무료로 읽을 수 있는 뉴스나 SNS로 손님을 많이 모은 후 그 사람들을 게임으로 유도한다. 게임 자체는 무료로 제공하고, 옵션으로 그 게임을 할 때마다 과금한다. '게임은 이용자에게 돈을 쓰게 하는 툴'이라는 것이 공통 인식이었다. 다시 말해 '게임은 돈을 써 소비하게 하는 것이 목표이고 그 이상으로 확대되지는 않는다'고 하면서 말이다.

그러나 메타버스에는 이런 생각이 맞지 않는다. **메타버스에서는 게임이 '진입구'이고, 그 밖의 커뮤니케이션이나 비즈니스는 게임에서 비롯되어 파생될 것이다. 종래의 흐름과는 정반대의 수순인 것이다.**

〈포트나이트〉는 디지털 스킨(아바타라 불리는 자신의 분신에게 입히는 옷)을 매년 약 5,500억 엔(약 5조 418억 원)어치를 팔고 있다. 이는 구찌 등 명품 브랜드와 다르지 않은 규모다. 또한

〈로블록스〉 이용자의 20퍼센트는 매일 아바타의 스킨을 바꾼다고 한다. 외출할 때 옷을 갈아입는 일상 습관이 어느새 게임 안에서도 생겨나기 시작했다. 그 결과로 당연히 장사도 잘되고 있다.

또한 코로나19 팬데믹으로 라이브 투어가 중지되자 일본 가수 요네즈 켄시는 〈포트나이트〉 안에서 가상 라이브를 개최했다. 그는 3D CG의 아바타 모습으로 게임 안에 등장했고, 팬들도 아바타의 모습으로 교류했다.

메타버스에서 게임은 단지 진입구의 역할만으로 존재하지 않는다. 그 진입구 뒤에는 친구와의 잡담도 있고 쇼핑도 있으며, 라이브 이벤트도 있다. 많은 사람이 모여 대화를 나누고 다양한 일상을 즐기는 새로운 세계다. **종래의 사고에 사로잡혀 '게임은 목표'라고 결론지으면 메타버스의 흐름을 크게 잘못 보게 된다.**

———

에픽게임즈의 뒤를 좇는 페이스북

'메타버스 같은 건 게임이잖아'라는 말은 오히려 긍정적인 의미로 받아들일 필요가 있다. 이번 메타버스 혁명의 발단은, '들어가는 글'에서도 소개한 에픽게임즈라는 게임 회사다. 이 회사는 세계 최대 규모의 오픈 월드형 게임 〈포트나이트〉의 운영사이고, 게임 엔진인 언리얼 엔진^{Unreal Engine}의 제공처이기도 하다. 메타버스라는 말 자체를 보급시킨 기업이다.

페이스북은 에픽게임즈가 내세운 비전을 재구성해 메타버스 사업을 구상했다. 페이스북을 비롯한 전 세계의 기업이 성공 모델인 에픽게임즈의 뒤를 따라가고 있는 구도다.

에픽게임즈는 기본적으로 B to C(Business to Customer, 기업과 소비자 간 거래) 기업이지만 B to B(Business to Business, 기업 간 거래) 비즈니스도 병행해 성공시키고 있다.

에픽게임즈의 기업 가치는 이미 4~5조 엔(약 36조 7,180억 원~45조 8,975억 원)을 넘어선 듯하다. VR과 메타버스의 선두 주자인 것을 감안하면 기업 가치는 조만간 100조 엔(약 917조 9,500억 원)을 넘어설 것으로 예상한다. 이미 에픽게임즈는 상당수 기업의 매수를 진행해 '메타버스 생태계'를 구축해왔다. 투자자나 크리에이터 사이에서 '이제 에픽게임즈 외에 선택의 여지가 없지'라고 하는 지경까지 단숨에 승부를 끌고 가려 하고 있다.

구글이나 페이스북 정도의 자금력이 있으면 에픽게임즈를 능가하기란 간단할 것이라고 생각할 수도 있다. 그러나 에픽게임즈는 이미 해당 분야에 깊이 파고들었기 때문에 구글이나 페이스북의 자본력이 있어도 그 기세를 뒤집을 수 없을 것이다. 실제로 구글은 VR이나 3D CG 영역의 서비스를 차례차례 종료하고 있다. GAFA만큼의 인재와 자금력이 있어도 메타버스 영역에서 에픽게임즈만큼 결정적인 영향력을 발휘하기란 이제 불가능하다.

　애초에 게임 크리에이터들은 '구글이나 페이스북 사람들은 멋진 작품을 만들 생각이 없다. 돈벌이를 잘할 뿐이다'라고 반발한다. 구글이나 페이스북이 수억 엔이라는 거금을 제시하더라도 크리에이터들은 잘 움직이지 않는다. 크리에이터가 움직이지 않으면 게임을 만들 수 없으니 자금력만으로 억지로 에픽게임즈를 쓰러뜨릴 수 없는 것이다.

　구글이나 페이스북이 '뉴스나 소셜 미디어가 IT 산업의 주전장이다. 고작 게임이 잘난 척하는 거 아니야?' 하며 게임을 과소평가하는 동안 에픽게임즈는 조용히 게임을 개발하고 게임 엔진을 연마해 세계 정상을 차지했다. 게임이나 CG의 세계에서 구글이나 페이스북은 존경의 대상이 아니고, 그들이 만든 도구도 사용되지 않고 있다.

블록체인과 NFT와의 궁합

메타버스 이야기가 나오면 따라 나오는 개념이 'NFT'다. '메타버스는 곧 NFT'라고 오해하는 사람도 많기에 여기서 잠시 언급하겠다.

NFT란 앞에서 말한 대로 'Non-Fungible Token'의 약칭으로, 대체 불가능한 토큰이라고 번역하는 경우가 많다. 이 설명만으로는 무슨 말인지 이해하기 어려울 수 있는데, 간단히 말하면 **온라인의 영상이나 동영상, 음성 등의 디지털 데이터를, 현실 세계의 트레이딩 카드나 굿즈처럼 매매하거나 유통시키기 위한 기술**이라고 생각하면 이해가 쉬울 것이다. NFT는 '디지털 소유권'으로 비유되는 일도 있다.

인터넷상에서 디지털 데이터는 무한 복사할 수 있기 때문에 물리적 세계처럼 굿즈나 아이템에 희소가치가 생기는 일은 없다고 여겨져 왔다. 무한 복사할 수 있는 아이템을 레어템(희귀 제품)이라고 말할 수는 없을 것이다.

그래서 블록체인 기술의 '고치기 힘들다'는 특성을 이용해서 디지털 데이터에 현실 세계의 제품처럼 유일무이한 희소성을 줘서, 가상 공간에도 물질의 유한성을 재현하려는 기술이 NFT다.

이전까지만 해도 '메타버스는 곧 NFT' 같은 인상의 기사나 담론이 많았는데, 이것은 옳지 않다. 장래에 메타버스와 NFT의 기술이 융합할 가능성은 크다. 하지만 현 단계에서 이 두 기술은 전적으로 다른 것인데, '궁합이 좋을지도 모른다'는 점만이 널리 퍼져 혼동되고 있다.

대략적으로 말하자면 메타버스는 '상호 교류할 수 있는 3차원 가상 공간' 정도로 정의할 수 있다. 그런데 지금으로서는 그것이 블록체인상에서 움직여야 할 필연성은 없고, 메타버스 내의 3D 데이터가 NFT상에서 매매되거나 유통될 필요도 없다. 다시 말해 메타버스 영역에서 NFT나 블록체인의 요소는 '있으면 좋지만 없어도 성립하는 것'이며, 실제로 그것을 필수 서비스라고 생각하는 콘텐츠도, 프로듀서나 게임 크리에이터도 거의 없다.

'메타버스는 곧 NFT'라고 불리게 된 배경에는, 가상화폐는 주식시장과 마찬가지로 매일 가치가 변동하는 시장이기 때문에 상장 분위기를 고조시키기 위해 항상 뜨거운 테마와 엮을 필요가 있다는 것이다. 상장기업이 자사의 주가를 높이기 위해 버즈워드와 관련된 공식 발표를 하는 일이 있는데 그것과 굉장히 유사한 현상이라고 할 수 있다. 가상화폐의 관계자는 블록체인 기술이 다양한 산업에 응용될 수 있다는 것을 어필함으로써 상장 분위기를 고조시켜 가치를 높일 수 있다.

이렇게 메타버스 등 새로운 기술과의 친화성이 과도하게 선전된 결과 '메타버스는 블록체인 기술로 지탱되고 있다', '메타버스 공간 구축에 NFT는 필수'라는 담론이 퍼지게 되어 일부에서 그 이미지가 정착한 것이다. 나는 이 두 시 모두에서 여명기부터 서비스를 시작한 일본 내에서도 몇 안 되는 사람이다. 하지만 이 두 분야는 기술도 인재도 가치관도 목표도 다 다르고, 2022년 현재도 이 두 분야 사이에는 아직 큰 격차가 있다.

이 두 분야가 동시에 언급되는 또 하나의 배경으로는, 소수이지만 메타버스와 NFT를 융합한 프로젝트가 등장해 일정한 실적을 내기 시작했다는 사실이 있다. 실제로 〈디센트럴랜드Decentraland〉 등의 프로젝트에서는 아바타가 3차원 가상 공간 안을 돌아다니고, 거래소에서 게임 내 화폐가 현실 세계의 가치와 연동되어 매매되며, 디지털 공간상의 토지나 아이템을 NFT로 매매할 수 있는 생태계가 실현 중이다.

게임 내에서의 활동이 그대로 현실 세계의 가치와 링크함으로써 가상의 토지가 투기성을 띠고 가상화폐 주변을 중심으로 주목이 모인 것이다. 예전에 〈세컨드 라이프〉도 서비스 내 통화 '린든 달러'와 미국 달러의 환율이 준비되어 있었고, 서비스 내에서 아이템을 만들어 판매하거나 토지를 매매하고 부동산업을 해서 실제로 돈을 번 사람들이 전 세계에 있었다. 〈디센트럴랜드〉는 〈세컨드 라이프〉가 하고 싶었던 것을 블록체인과 NFT 기술을 응용함으로써 실현했다고 할 수 있다.

다만 수억 명의 이용자를 두고 있는 〈포트나이트〉나 〈에이펙스 레전드〉 같은 FPS(본인 시점의 슈팅 게임) 게임에 비하면 〈디센트럴랜드〉의 이용자 수는, 그 앞 단위가 서너 자리 차이가 나는 상황으로, 현재는 투기성이 더 강하게 전면에 드러나 있다는 인상을 받는다.

앞으로 이용자 수가 수억 명 단위의 게임을 운영하는 기업이 게임 내 통화를 가상화폐로 거래소에 유통하게 하거나 게임 내 아이템을 NFT로서 매매하거나 유통하게 하는 흐름이 가속화하면 이 둘은 정말 융합할 가능성이 있다. 그러나 히트 타이틀은 게임 내 과금만으로도 막대한 수익이 생기기 때문에 블록체인이나 NFT를 집어넣어 개발을 복잡하게 만들 동기가 낮은 실정이다.

개인적인 예상으로는 〈디센트럴랜드〉나 〈더 샌드박스The Sandbox〉 등의 기존 플랫폼에 간단한 3D 모델을 배치하고 그것들을 NFT로 판매해 돈을 버는 '간단한 메타버스' 프로젝트는 앞으로도 전 세계에서 우후죽순처럼 계속 생겨날 것이다. 하지만 독립된 엔터테인먼트로서 성립하는 프로젝트가 NFT

와 융합해 수억 명 단위의 이용자를 획득하고 세계적으로 보급되려면 앞으로 몇 년은 더 필요할 것 같다.

***

Web3와 크리에이터 이코노미

또 한 가지 혼동하기 쉬운 이야기는 'Web3' 또는 'Web 3.0'이라는 개념이다. 'Web3'는 'Web 2.0'에 이은 새로운 인터넷 조류로 이야기된다.

여기서 말하는 3.0이나 2.0이라는 표현은 소프트웨어의 버전을 관리할 때 사용하는 표현이다. 1.0 → 2.0 → 3.0처럼 숫자가 높아지는 것 자체가 새로운 버전을 지칭하며, 세상에 아주 새로운 개념이 등장했을 때 사용하는 경우도 많다. 눈치챘겠지만 이 책의 제목에 등장하는 '2.0'도 지금까지와는 완전히 다른 세계가 시작된다는 의미에서 사용했다.

Web3는 '블록체인 기술 등을 기반으로 한 탈중앙집권적 인터넷'을 목표로 삼는다. 이 개념을 이해하기 위해서는 Web 1.0과 Web 2.0 등 인터넷의 역사를 어느 정도 이해해야 한다.

1990년대 후반에 인터넷이 보급되기 시작했을 무렵, 웹에서 정보의 흐름은 일방통행이었다. 또한 인터넷에 연결되어 있는 컴퓨터 대수도 적고 통신 환경도 지금과는 비교가 안 될 정도로 열악했다. 당시에는 신문이나 텔레비전처럼 개인이 홈페이지를 개설해 정보를 발신한다는 행위 자체로 충분히 혁신적이었다. 그전까지는 정보 발신이란 힘 있는 미디어에만 허락된 특권이었다. 그런데 그것이 개인에게도 개방된 시대가 된 것이다. 정보 발신의 민주화는 Web 1.0 시대의 큰 변화였다.

그 후 2000년대 전반에 PC가 많은 가정에 보급되어 인터넷을 이용하는 인구가 전 세계에서 폭발적으로 증가하고 통신 속도도 개선되었다. 그러자 일방통행이었던 인터넷상의 정보 발신은 실시간적 성격과 쌍방향적 성격을 띠게 되었다. 다시 말해 **인터넷에서 정보를 발신하면 전 세계의 누군가로부터 실시간으로 코멘트를 받거나 반응을 볼 수 있게 된 것**이다. 지금은 너무나도 당연한 것이지만 당시에는 혁신적인 변화였다.

이 흐름을 인터넷업계에서는 과거의 WEB과 구별해 'Web 2.0'이라고 불렀고, 여기서 약간의 붐이 형성되었다. 이런 흐름 속에서 콘텐츠는 운영자가 만들어가는 게 아니라 이용자가 만들어간다는 'CGM^{Consumer Generated Media}'이라는 사고가 생겨났고, 바이럴 미디어나 SNS 등의 서비스가 전 세계에서 시작되었다. 현재의 거대 WEB 서비스인 페이스북, 트위터, 유튜브 등이 그즈음에 탄생했고, 그 후에도 성장을 계속했다. 그보다 전에 존재했던 구글이나 아마존도 인터넷의 쌍방향성이라는 흐름을 자기편으로 끌어들여 서비스를 확충하거나 다른 회사를 매수해 현재와 같은 제국을 구축했다.

현재는 당연해진 '플랫폼 전략'이라는 사고도 이 시대 일인자의 성공 모델을 참고해 제창된 것이었다.

Web 2.0의 일인자들은 그 후에도 성장을 계속해 GAFA나 BAT라고 불렸고, 이들은 인터넷의 온갖 영역에 진출해 시장 점유율을 지배해갔다. 그들은 전 세계의 이용자를 저비용으로 긁어모아 그 데이터를 분석함으로써 제품을 개선하고 이용자가 모이면 모일수록 제품의 가치가 높아지는 '네트워크 효과'를 무기로 가속적 성장을 실현했다.

이번의 Web3는 그런 Web 2.0의 일인자인 GAFA에 대한 안티테제(반정립)로 제창된 개념이다. GAFA 등의 플랫폼 기업은 이용자의 데이터를 중앙집권적으로 관리하고 그 데이터의 힘을 최대한 활용함으로써 성장을 가속화했다. 실제로 세상의 많은 서비스나 기업은 그들의 인프라에 의존하고 있고, 그들의 서비스에 장애가 발생하면 그 여파로 서비스가 정지되는 일이 종종 있다.

또한 대기업의 사내 데이터도 클라우드에서 관리하는

것이 일반적인 일이 되었다. 반면 이에 따라 기밀 정보도 GAFA의 인프라로 관리되고 있어, 만약 그런 데이터가 소실되면 엄청난 손실이 발생할 것이다.

일반 이용자의 입장에서 보면, 무료로 SNS를 통해 정보를 발신할 수 있어서 편리하지만, 만약 트위터나 인스타그램, 유튜브 계정이 갑자기 정지되면 지금까지 투고한 데이터는 모두 사용할 수 없게 되고 팔로워나 채널 구독자 등의 '자산'도 단숨에 소실된다. 인터넷상에서의 정보 발신을 생업으로 하는 크리에이터의 입장에서 보면 공포일 수밖에 없다.

Web3는 지금까지 GAFA 등의 플랫폼이 중앙집권적으로 지배하고 있던 데이터의 주도권을 이용자의 손에 돌려주고 탈중앙집권적이고 분산적인 인터넷을 실현해가려는 흐름을 가리킨다. 그리고 블록체인 기술을 활용해 그것을 실현하려 하고 있다.

이것이 실현되면 플랫포머에게 자신의 데이터를 맡겨두는 일도 없을 것이다. 그러므로 프라이버시를 침해받는 일도 없고 계정이 삭제되어 활동이 정지될 위험도 없으며 기업이 GAFA 등의 플랫포머에게 지배되는 일도 없어진다. 이것이 Web3의 이점이다.

실제로 인터넷은 성숙해지면서 점점 분산성이 높아지고 있고, 정보의 발신도 대기업에서 개인으로 변해가서 텔레비전에서 자주 보는 예능인보다 SNS에서 활동하는 인플루언서나 유튜버가 사람들에게 주는 영향력이 더 커지고 있다.

중앙집권적이었던 것은 성숙과 함께 점점 분산되어 간다. 이 열역학에서의 엔트로피 같은 흐름이 앞으로도 계속될 것이라고 생각하면, 개인적으로 Web3에서 제창하는 것이 실현될 확률은 상당히 높다고 생각한다.

이 흐름을 강력하게 주장하고 있는 회사가 미국의 거대 벤처캐피털 '안데르센 호로비츠Andreesen Horowitz'다. 다만 그들은 블록체인 계열의 스타트업에 거액을 투자하고 있기 때문에 자신의 입장에 유리한 발언을 할 가능성이 높다는 점에 유의해야 한다.

벤처캐피털은 신흥 기업에 투자해 상장이나 매각으로 수익을 노리는 투자자이기 때문에, 자신이 투자하는 분야의 분위기를 고조시켜 가치를 높이는 활동도 그들이 하는 일 중 하나다. 실리콘 밸리의 베테랑 창업가인 일론 머스크나 잭 도시는 이런 흐름을 야유하는 발언을 해 화제가 되기도 했다.

실제로 Web 2.0도 팀 오라일리가 제창한 개념인데 그것을 실리콘 밸리의 투자자가 떠받들었고, 'Web 2.0적인 서비스를 만들자'는 창업자가 넘쳐나면서 일어난 버블 같은 측면이 있다. 구글이나 아마존은 Web 2.0의 본질을 이해한 후 새로운 기능을 추가하거나 다른 회사를 매수해 자사의 성장에 잘 활용했다. 하지만 이런 붐을 타고 'Web 2.0적인 서비스'를 만들자고 한 스타트업의 99.9퍼센트는 제대로 꾸려가지 못하고 무너지고 말았다.

이번 Web3도 이와 비슷한 측면을 갖고 있다는 것을 부정할 수 없다. 그러므로 버즈워드에 놀아나지 않고 변화의 본질을 확인한 뒤 잘 활용할 생각을 해야 한다.

———

Web3 시대의 일인자는 누구일까

어떤 서비스가 성공하고 실패하는지를 구체적으로 예측하는 것은 불가능하지만, 어떤 활동을 하는 사람이 Web3나 메타버스의 은혜를 입을지는 높은 확률로 예측할 수 있다.

Web 2.0 시대에는 Web이 쌍방향성을 갖게 되면서 콘텐츠 제작자가 기업에서 개인으로 변해갔다. 그곳에서는 트위터나 유튜브라는 CGM적 서비스를 잘 다룬 개인이 수백만 명, 수천만 명이라는 팔로워를 얻어 스타가 되었다. 재미있는 동영상을 업로드한 것만으로 전 세계 수백만 명의 사람들이 봐주고, 게다가 광고 수입이 들어와 돈을 버는 환경이 확립되었다. 이는 과거에 비춰보면 꿈같은 이야기다.

이번 Web3나 메타버스의 조류 속에서 가장 은혜를 입는 사람은 틀림없이 크리에이터일 것이다. 지금까지 무료로 마음껏 복사되었던 디지털 데이터가 NFT로서 희소가치를 발휘할 수 있게 되면 그 데이터를 제로에서 만들어낼 수 있는 크리에이터가 큰 힘을 갖게 될 것이라고 예상할 수 있다. 화가, 만화가, 디자이너, 일러스트레이터, CG 크리에이터들은 여태껏 취미로 SNS에 작품을 업로드했는데, 아직 유튜버처럼 그것들이 폭발적 수입으로 직결되지는 않았다. 앞으로는 메타버스로 3D 데이터의 수요가 증가하고 NFT로 디지털 작품에 수천만 엔의 가치가 붙는 일도 늘어날 것이다.

Web 2.0 시대에는 주목이라는 형태로 SNS상에서 트래픽을 모은 사람들이 유튜버나 인플루언서로서 경제적 성공을 획득했지만, **Web3 시대에는 사람들이 바라는 작품을 제로에서 디지털 데이터라는 형태로 만들 수 있는 크리에이터가 경제적 성공을 손에 넣게 될 것이다.**

이런 흐름은 '크리에이터 이코노미'라고도 불리는데, 이는 크리에이터(제작자)가 자신의 창작물로 수익을 내는 산업을 말한다. 지금까지 과소평가된 크리에이터가 경제권의 중심이 되는 미래가 주목받고 있다. Web3는 각자의 입장에 따라 유불리가 나뉘겠지만, 크리에이터 이코노미에는 앞으로 개인의 생활 방식에 참고해야 할 흐름으로 보인다.

B to B 비즈니스로서 메타버스

한편 메타버스 기술에는 법인용 B to B 비즈니스 분야에서도 큰 가능성이 있다. 예컨대 2016년 마이크로소프트가 개발한 '홀로렌즈HoloLens'라는 상품을 보자.

제조업이나 의료, 교육 현장에서는 파워포인트로 만든 2차원 그래프로는 부족한 면이 있었다. 2차원의 X선 사진만을 봐서는 심장이나 폐의 환부가 어디인지 정확히 파악할 수 없기 때문이다. 깊이가 있는 3차원 영상을 본다거나 다수가 그 데이터를 공유해야 하는 작업을 진행할 때 편리한 것이 홀로렌즈다. 고글 같은 형태를 한 이 단말기를 쓰면 눈앞의 물리 공간에 3차원 콘텐츠를 겹쳐놓고 그것들을 직감적으로 조작할 수 있다. 즉 VR과 AR(Augmented Reality, 증강 현실)의 중간인 MR(혼합 현실) 디바이스다.

Zoom은 2차원의 온라인 회의 시스템인데, 이것에 대항해 페이스북이 '호라이즌 워크룸Horizon Workrooms'이라는 서비스를 내놓았다. '호라이즌 워크룸'에서는 아바타로 로그인한 후 3차원의 온라인 회의를 열 수 있다. 이른바 'Zoom의 3D판'이다.

다만 B to B 비즈니스 영역은 B to C 비즈니스만큼 보급

속도가 빠르지 않다. 아직 팩스를 사용하는 사람이 있고, 젊은층의 압력에 간신히 DX(Digital Transformation, 디지털 전환)화가 시작된 정도이기 때문에 법인용 메타버스가 널리 침투하는 것은 대체로 10년 뒤가 될 것이다.

———

국토교통성의 '플래토'

정부나 지방자치체 등의 행정에서 메타버스는 어떻게 활용될까?

예전부터 정부나 연구실에서 2차원 데이터나 3차원 데이터를 움직이며 다양한 시뮬레이션을 하고 싶다는 요구는 있었다. 메타버스가 버즈워드가 되기 얼마 전 '디지털 트윈(digital twin, 메타버스의 아종)'이라는 개념이 화제가 된 적이 있다. 컴퓨터에 의해 '또 한 사람의 자신', '또 하나의 세계'를 만들어내 시뮬레이션에 활용하는 것을 말한다.

2020년 후지쯔가 '디지털 트윈 애널라이저'라는 상품을 발매했다. 차량용 카메라로 촬영한 영상을 빅데이터로 집적하고 횡단보도나 신호기, 표지판의 위치 등을 분석해 3D로 데이터화 하는 것이다. 디지털 트윈 세계로 로그인해 시뮬레이션을 하면 교통사고 예방이나 자율주행차의 개발 등 다양한 분야에 도움이 된다.

싱가포르는 국토의 넓이가 도쿄 23구보다 약간 큰 정도다. 그래서 싱가포르는 나라 전체를 가상 공간화해 어디에 도로를 건설할지, 어디에 건물을 지을지 시뮬레이션해왔다(3D EXPERIENCity). 디지털 트윈 구상에 거국적인 힘을 써온 것이다.

부동산 개발업자는 고급 아파트나 건물을 세울 때 어디로 빛이 들어오고 어디에 그림자가 생기고 거리의 경관이 어떻게 변할지를 미리 시뮬레이션해야 한다. 태블릿으로 3D 데이터를 움직이며 해가 뜰 때 어떻게 되는지, 해가 질 때 어떻게 되는지 시뮬레이션하는 것이다. 어디에 사람의 흐름이 생기는지, 차가 어디서 얼마나 정체되는지도 조사해야 한다. 이런 시뮬레이션을 할 때 '3D EXPERIENCity' 같은 서비스는 무척 도움이 된다.

2020년에는 국토교통성이 '플래토PLATEAU'라는 플랫폼을 만들었다. 일본 전국의 도시를 3D 데이터로 정리하고 그 데이터를 인터넷상에 무상으로 배포하는 것이다. 이런 데이터는 B to B 도시 개발을 진행할 때 필요하다. 또 자율주행 코스를 AI에게 학습시킬 때도 도움이 되기 때문에 국내뿐 아니라 전 세계에서 사전 문의가 올 것이다.

제조업에서는 공장의 내부 데이터도 대량으로 필요해질 것이다. 이미 행정, 건축, 공업, 농업 등 다양한 분야에서는 개인용 메타버스에 앞서 법인용 디지털 트윈이 활용되었다. 따라서 업계 특화형인 디지털 트윈 서비스는 앞으로 무한히 생겨날 것이다.

디지털 네이티브도 '꼰대'가 될 수 있다

지금까지 언급한 세계가 현실적으로 찾아오면 사람들은 어떻게 대응해나갈까? 1980년부터 1995년 무렵에 태어나 2000년대에 사회인이 된 세대를 '밀레니얼 세대'라고 한다. 그들은 인터넷이나 PC가 이미 인프라로 정착된 세상에서 살았다. 그 때문에 '밀레니얼 세대'는 태어날 때부터 인터넷이 당연한 것으로 존재했던 세대인 '디지털 네이티브Digital Native'라고 불린다.

1990년대 후반 이후에 태어난 사람들은 유아기부터 아이폰이나 아이패드를 만지작거렸다. 스마트폰이 육체의 일부가 된 젊은이를 'Z세대'라고 부른다. 그러나 그 디지털 네이티브도, Z세대도 이번 메타버스 혁명에 뒤처져 나이 든 '꼰대' 취급을 받을지도 모른다.

디지털 네이티브의 주축은 스마트폰과 2차원 인터넷과 SNS다. 한편 메타버스 네이티브 세대는 인터넷의 사용 방법이 다르다는 점이 특징이다. 태어난 순간부터 VR 단말기를 장착하고 3D 공간을 날아다니는 미래도 있을 수 있다.

2009~2010년 무렵 스마트폰이 등장했을 당시 어른들은 '그렇게 작은 화면에서 애플리케이션 같은 걸 손댈 수 있겠어?', '글자가 너무 작아. 컴퓨터 키보드를 치는 게 쓰기 편해'라며 무시했다. 마찬가지로 디지털 네이티브 대부분은 메타버스 네이티브의 3차원 공간에 적응하지 못해 당황할 것이다. 이렇게 말하는 나 또한 메타버스 제작자가 아니었다면 완전히 의미를 알 수 없는 세계였을 것이다. **2차원 인터넷에 익숙해진 사람이 3차원 인터넷을 자연스럽게 이해하기란 쉽지 않다. 인터넷을 자유자재로 쓰는 지금의 우리가 종이와 펜밖에 없던 세대에게 느끼는 감각과 같다.**

스마트폰 시대가 시작된 지 10년이 넘어가는데도 아직 팩스를 사용하고, 종이 서류에 계속 도장을 찍는 어른을 우리는 꼰대라며 무시해왔다. 그러나 멍청하게 있다가는 우리 역시 메타버스 시대에 뒤쳐져서 꼰대 취급을 받을지도 모른다.

〈매트릭스〉가 현실이 되는 날

영화 〈매트릭스〉가 공개된 1999년 당시 이야기의 줄거리가 너무 난해하다는 논란이 있었다. 왜 머리 뒤에 기기를 끼우면 다른 세계로 로그인되는 것일까? 그 세계에서는 어떻게 모피어스의 격투기 실력이 강해지고 네오가 초고속으로 싸울 수 있을까? 애초에 어떤 세계가 진짜이고 어떤 세계가 가상 공간일까? 스토리를 이해하지 못 한 채 '일단 지금까지 본 적이 없는 영상미야' 하며 압도당한 사람이 많지 않았을까.

　속편인 〈매트릭스 리로디드〉, 〈매트릭스 레볼루션〉을 보면서도 줄거리를 이해할 수 없어 혼란에 빠진 사람이 많았을 것이다. 네 번째 작품인 〈매트릭스 리저렉션〉(2021)을 보고서야 '드디어 네오도 모피어스도 메타버스에 로그인했구나' 하고 납득하지 않았을까?

　호소다 마모루 감독의 애니메이션 〈용과 주근깨 공주〉도 메타버스를 테마로 한 작품이다. 시골에 사는 여고생이 '유ᵁ'라는 메타버스 세계에서 가수로 데뷔하고 큰 인기를 얻는다. 이 메타버스에는 50억 명이나 되는 이용자가 있어서, 벽촌에 사는 무명의 여자아이가 느닷없이 레이디 가가나 아리아나 그란데를 넘어서는 슈퍼스타가 되는 것이다.

〈매트릭스〉나 〈용과 주근깨 공주〉가 현실이 되는 날은 멀지 않았다. 앞으로 통신 규격이 7G나 8G까지 발전하면 할리우드 영화 같은 메타버스에 인간이 자연스럽게 몰입할 수 있게 될 것이다. 그 무렵이 되면 데이터 전송량이 아무리 많아도 정보 처리를 감당할 수 있을 것이다. 게다가 **사회의 상식에 물들지 않은 초등학생이나 10대가 24~25세가 되어 사회적으로 힘을 갖는 때가 되면 비로소 인간의 습관이 싹 바뀐다.** 그들이 어른이 되기까지 10년간 메타버스의 재미와 매력은 사회 전체에 단숨에 침투할 것이다.

———

현실보다 매력적인 버추얼 디즈니랜드

이대로 기술이 발달하면 인류가 현실 세계보다 아름다운 가상 세계를 만들어내는 날이 올 것이다. 가상 세계에는 제약이 전혀 없고 언제까지고 계속 몰입할 수 있다. 사진 가공 기술의 발달에 따라 간단하게 실제보다 아름다운 사진을 찍는 것이 가능해졌다. 인스타그램에는 사진의 특정한 색을 두드러지게 하거나 특정 색으로 가공할 수 있다. 애플리케이션을 사용하면 프로 메이크업 아티스트에게 화장을 받은 것처럼 얼굴 사진을 가공할 수 있다.

'꿈의 세계'인 디즈니랜드에 빠져서 프리패스를 사용하며 연간 200일이나 다니는 사람이 있다. 디즈니랜드는 더할 나 위 없이 비현실적이고도 비일상적인 공간이다. 그에 비해 일 상의 공간은 너무나도 시시하다. 앞으로 인간의 자극과 욕 망을 최대화한 버추얼 디즈니랜드가 3차원의 가상 공간에서 탄생하면 어떻게 될까? 그곳은 우라야스의 도쿄 디즈니랜드 와는 비교가 안 될 정도로 거대하고, 지금까지 아무도 타본 적이 없는 놀이기구가 산더미처럼 많을 것이다. 그 버추얼 디즈니랜드에 24시간 언제든지 로그인할 수 있게 되면 인간 은 '꿈의 세계'에서 돌아올 수 없게 되는 게 아닐까.

이미 현 단계에서도 〈포트나이트〉를 하루 15시간씩 플레 이하는 인터넷 게임 폐인이 있다. 틱톡과 인스타그램에 빠져 서 부모와 한마디도 하지 않는 그런 아이들에게는 현실 세계 보다 2차원의 SNS가 훨씬 즐겁고 편하다. 영화 〈매트릭스〉 처럼 현실의 인간은 침대에 뒹굴며 기계에 로그인한다. 또는 VR 고글을 쓴 채 움직이지 않는다. 그런 미래가 현실에 있을 수 있다.

하이비전 텔레비전이나 4K 텔레비전이 처음 등장했을 때 브라운관 텔레비전밖에 모르던 구세대들은 혼란스러웠다.

그곳에 비치는 영상의 화소 수와 정보량이 너무 많아 현실이 훨씬 더 지저분하고 뿌옇게 보였을 것이다. 8K 텔레비전이 유통되면 이제 상대적으로 '4K 텔레비전 같은 건 아무것도 아니지'라고 느끼게 될 것이다. 빛을 반사하는 방법도, 빛이 흐르는 방식도 이제 가상 세계가 훨씬 더 즐겁다. 그렇게 되면 인간은 현실 세계에 몸을 두지 않고 계속 꿈을 꾸고 있는 상태가 될지도 모른다.

그렇게 되면 식사는 어떻게 하게 될까? 미각은 뇌의 시냅스(정보 전달을 관장하는 기관)로 얼마든지 제어할 수 있기 때문에 칼로리메이트 같은 비상 식품을 먹어도 굉장히 맛있는 트러플 파스타를 먹는 것처럼 느껴진다. 영화 〈매트릭스〉 안에서도 등장인물이 굉장히 두툼한 스테이크에 적포도주를 즐기며 '이런 건 착각인데 말이지' 하고 웃는 장면이 있다.

장편만화 『나루토』의 마지막에는 오오츠츠키 카구야라는 최종 보스가 등장한다. 이 최종 보스가 무한 츠쿠요미無限月読라는 환술을 걸자 지구상의 모든 생물이 꼼짝 못하게 묶이고, 자신이 이상으로 여기는 꿈의 세계 속으로 잠기는 몽유병 상태에 빠져들고 만다. 메타버스는 오오츠츠키 카구야가 사용한 '무한 츠쿠요미'와 같은 효과를 초래해 많은 사람을 과도한 행복의 늪으로 꾀어낼지도 모른다(위험한 양날의 검이기 때문에 사용 방식에는 주의가 필요하지만).

현실 세계에서는 유복한 가정에서 태어나 도쿄대학교에서 하버드대학교로 유학을 갈 수 있는 초엘리트가 극히 적다. 용모가 단정하고 골드만삭스나 맥킨지앤드컴퍼니나 GAFA에서 일하며 억만장자가 될 수 있는 사람은 더욱 적다. **모든 것에서 혜택을 입은 사람은 전 세계 인구의 1퍼센트도** 안 될 것이다.

99퍼센트가 넘는 대다수가 마음속 어딘가에 '돈이 좀 더 있었으면', '왜 키가 10센티미터 더 크지 않은 걸까?', '저 사람처럼 사회적 지위가 높아지고 싶어'라는 욕구를 품고 있을 것이다. 보답받지 못한 사람들의 꿈은 현실 세계에서 좀처럼 이루기 어렵다. 그런 사람들의 꿈도 가상 공간에서라면 자유자재로 이룰 수 있다.

할리우드급 영화를 혼자 만드는 시대

메타버스 일을 하고 있으면 확신하게 되는 것이 있다. 지금으로부터 몇 년 후에는 3D CG 기술을 구사해 할리우드급 영화를 만드는 아이가 전 세계에서 우후죽순처럼 생겨나는 것이라는 것이다. 〈포트나이트〉 수준의 게임을 혼자 만들어버리는 아이도 점차 등장할 것이다.

3D CG 기술의 역사는 오래되었고, 영상업계를 중심으로 전 세계에서 독자적인 생태계가 발전해왔다. 종래에 3D CG 를 개발하는 크리에이터는 영상업계가 중심이었지만, 최근에는 인터넷과 융합한 게임업계를 중심으로 엄청난 발전을 이루었다.

유니티^{Unity}와 언리얼^{Unreal}이라는 게임 엔진 덕분에 크리에이터나 개발자의 수가 상당히 늘었다. 예전에 CG 소프트웨어를 돈을 내고 샀는데 최근에는 무상으로 쓸 수 있는 프리 소프트웨어가 늘어났다. 실리콘밸리의 거대 IT 기업은 할리우드 영화에서 활약하는 CG 크리에이터를 빼오고, 때로는 스튜디오를 통째로 매수하는 등 필사적이다. 컴퓨터 그래픽을 제작하는 노하우를 손에 넣으려고 그들은 기를 쓰고 경쟁한다.

최근에는 젊은 CG 크리에이터 사이에 블렌더^{Blender}라고 불리는 소프트웨어가 인기다. 그들은 이 소프트웨어를 써서 SNS에 작품을 계속 업로드한다. 블렌더는 프로 사양의 고기능인데도 불구하고 무료로 이용할 수 있는 오픈 소스다. 이 소프트웨어를 쓰는 개발자나 크리에이터들의 커뮤니티가 전세계에서 꾸려지고 있다.

엄청난 퀄리티의 3D CG 작품을 SNS에 업로드하는 사람

이 보이면 나는 곧잘 DM을 보낸다. 그러면 "저는 열여섯 살입니다. 학교에 가야 해서 낮에는 일을 받을 수 없습니다" 하며 쌀쌀맞게 제안을 거절당하고는 한다. 그들은 걸신이 들린 것처럼 돈을 벌고 싶어 하지 않는다. 부모와 함께 살고 있어서 중고생 때부터 돈을 벌 필요가 없는 것이리라. 그들에게는 이 일이 즐거워서 하는 놀이에 가깝다. 그러나 그들의 작품은 이미 연봉 수천만 엔, 또는 수억 엔을 벌 수 있는 수준에 달해 있다.

프로그래밍과 디자인 일은 종적으로 나뉘어 서로 다른 사람이 분담해왔다. 반면 유니티, 언리얼에 의해 3D CG를 이용하는 젊은이는 혼자 프로그래머와 디자이너 일을 동시에 해낸다. 아이들은 직감적으로 양쪽 일을 해치우는데, 프로그래머나 디자이너 일을 오래 해온 어른이 보기에 그들은 초인이다. 3D CG 세계에서 지금의 어른들은 아무도 그 초인들을 당해내지 못할 것이다.

시간이 엄청나게 많은 아이들은 여름방학 내내 PC와 스마트폰을 만지작거린다. 그러면 재주 있는 아이는 눈 깜짝할 사이에 3D CG 기술을 자기 것으로 만든다. 그들이 20대가 되었을 무렵에야 투자자들은 '이 녀석들 대박이네!' 하며 그들에게 투자할 것이고, 그렇게 되면 페이스북과 구글 같은 거대 기업이 새롭게 탄생할 것이다.

터무니없이 머리가 좋은 아이에게 자금을 툭 건네고 '뭐든지 좋으니까 네가 재미있다고 생각하는 것을 만들어봐' 하고 일을 통째로 맡겨볼 수도 있다. 3D CG 기술의 경이적인 발전에 따라 언젠가 '페이스북이라든가 구글 같은 건 촌스럽다'며 전혀 다른 새로운 서비스가 세계를 석권할지도 모른다.

3분의 미니 동영상이라면, 이미 엄청난 수준의 작품을 직접 만드는 10대가 있다. 아직은 메타버스를 구상하는 창업자나 개발자 같은 마니아층만이 그들의 재능을 인지하고 있다. 〈스타워즈〉 수준의 3D CG 장편 작품을 혼자 만드는 것은 불가능하지 않다. 이르면 5년 이내에 할리우드급 영화나 〈포트나이트〉 수준의 게임을 혼자 만드는 아이가 출현할 것이다.

'뭐야, 이 대단한 작품은! 누가 어떤 팀을 꾸려서 만들었고, 예산은 얼마나 든 거지?' 하고 조사해보면 크리에이터는 어린아이 한 명인 것이다. 베테랑이 만든 CG 작품이라고 생각했으나 제작자가 고작 13살짜리일지도 모른다. 그때 '어처구니없는 일이네. 모르는 사이에 세계가 변했구나!'라며 어른들은 강한 충격을 받을 것이다. 지능이 높고 고정관념에 물들지 않은 아이들이 주역이 되어 세계를 뒤집을 것이다. **메타버스 혁명의 주역은, 지금은 이름도 없는 아이들이다.**

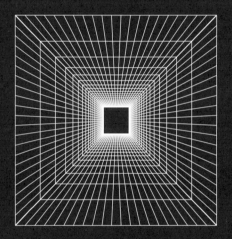

세계를 만드는 방법 Ⅰ

| 시공간 |

자연은 신이 만든 건축이며
인간의 건축은 그것을 배워야 한다.
—

안토니오 가우디

세계란 무엇인가

제2장과 제3장에서는 제1장에서 간추려 설명한 메타버스의 구조를 하나하나 보면서 '세계를 만드는 방법'을 설명하겠다. 이따금 개념적인 설명이 될지도 모르겠다. 가능한 한 난해함을 풀어 이야기할 테니 참을성 있게 읽어주면 좋겠다.

앞에서 메타버스란 신의 민주화이며, 세계를 창조하는 일이라고 말했다. 다시 말해 세계란 어떤 형태를 하고 있고, 어떤 구조로 이루어져 있는 것일까? 그것을 이해하지 못하면 메타버스는 만들 수 없다. **세계란 실제 눈으로 확인할 수 있는 가시적 '시공간'과 사회적 기능과 역할을 가진 '생태계'가 융합한 것이다.** 구체적으로 시공간이란 관광지나 대자연, 여행할 수 있는 장소 등을 가리킨다. 생태계란 국가나 사회, 공동체, 가족, 동아리나 사교 모임을 말한다.

메타버스를 구축하려면 시공간과 생태계를 하나로 만들어야 한다. 설계는 난이도가 굉장히 높은 작업이다. 이때 인간의 눈에 비치는 시공간의 요소를 분해하면 다시 '인간(아바타)'과 '배경(필드)'으로 나뉜다.

자신과 같은 인간, 인간 이외의 동물, 건물이나 자동차 같은 사물을 구분해야 사회생활이 성립한다. 사람의 얼굴을 확인하고, 자신의 생존을 위협하는 위험으로부터 몸을 멀리한다. 우리는 '저 사람은 걷는 것이 좀 이상해. 다치기라도 한 걸까?'라든지 '저 사람은 표정이 좀 어두운 것 같아'라는 세세한 변화까지 민감하게 인식해 그 차이를 이해할 수 있다. 인간에게는 이런 특성이 있다.

다른 한편 시공간에 비치는 풍경은 어떨까? 사람은 풍경에 상당히 둔감해 변화가 있어도 잘 알아채지 못한다. 여러분도 한번 가만히 생각해보라. 집 주변에 어떤 건물이 있었는지를. 벽이나 지붕은 어떤 모양이고 도로 옆에는 어떤 색 표지판이 있었는지, 몇 번이고 봤을 그 풍경이 거의 기억에 남아 있지 않다. 하지만 이웃이 어떤 얼굴을 하고 있었는지는 꽤 기억하고 있을 것이다. '저 사람은 살이 좀 쪄서 불룩해졌네'라든지 '홀쭉해졌는데 병이라도 걸린 걸까?', '어? 얼굴이 좀 변한 것 같아. 살짝 성형수술을 한 건가?' 하는 변화는, 오랜만에 만나도 비교적 정확하게 알아챈다.

하지만 자신의 본가 건너편 벽에 붙어 있던 포스터는 어떤 브랜드의 광고였는지, 또는 어느 정당 후보자의 것이었는지 기억에서 쏙 빠져 있다. 강물이 흐르는 모습, 햇빛의 반사, 벌레가 움직이는 법이 좀 이상하다 한들 사람은 거의 눈치채지 못한다.

우리는 자신의 생존에 관한, 또는 사회생활에 관한 정보는 선명하지만 생존과 관련이 없는 정보는 금방 잊어버린다. 사람은 뇌 안에서 무의식중에 정보의 우선순위를 정해 취사선택하기 때문이다.

다시 말해 인간은 다른 인간에 무척 관심이 많다. 피부의 질감이나 표정의 미묘한 변화를 감각적으로 알아낸다. 그런데도 세상의 풍경에는 놀랄 만큼 둔감하다. 이 특성은 메타버스 공간을 만들 때 굉장히 중요한 포인트다.

우리는 물리적인 세계가 어떤 법칙성에 따라 움직이고 있는지, 인간이 무엇을 부자연스럽다고 느끼는지를 직감 차원에서 이해할 수 있지만 언어나 논리 차원에서는 인식할 수 없다. 눈에 비치는 공간을 자연스럽다고 느끼는가, 부자연스럽다고 느끼는가. 가상 세계의 제작자는 자연과 부자연의 경계선을 언어와 논리 차원에서 인식해야 한다. 그것을 파악하지 않으면 메타버스는 비뚤어지고 부자연스러워서 지내기 어려운 공간이 될 것이다.

인간은 누구나 인간 전문가

그런데 실제로 인간(아바타)을 만들려면 어떻게 해야 좋을까? 시공간에서 재현이 가장 어려운 것은 인간이다. **왜냐하면 인간은 누구나 '인간 전문가'라고 해도 과언이 아니기 때문이다. 표정, 걸음걸이, 사소한 동작 등 조금이라도 이상하면 우리는 금세 직감적으로 알아챈다.**

3D CG로 전혀 위화감이 들지 않는 수준까지 인간의 아바타를 정밀하게 만드는 일은 기술적으로 가장 난이도가 높은 최첨단 영역이다. 축구의 '웨이트 트레이닝'이나, 야구나 농구 게임도 마찬가지다. 크리에이터가 미묘한 행동의 차이를 구분해 그리는 일은 쉽지 않다. 잘 관찰해보면 게임 내 아바타의 움직임은 서로 상당히 비슷하다.

시공간을 버추얼상에서 재현했을 때 '앗, 이건 잘 만들어진 CG로군' 하고 알아채는 부분은 사람의 움직임이나 얼굴일 때가 많다. 할리우드 영화든 넷플릭스 영화든 이제 일부러 거대한 세트장을 만들지 않고도 CG로 실물을 그대로 그려 넣을 수 있다. CG가 아니라 실제 세트, 의상, 소도구처럼 보이는 수준 높은 영상 작품은 얼마든지 있다. 그래도 사람의 움직임이나 얼굴은 살아 있는 사람으로 보일 만큼 정교하게 그려낼 수 없다.

1970년에 로봇 연구자인 모리 마사히로가 '불쾌한 골짜기 uncanny valley'[2] 라는 개념을 만들었다. 로봇을 너무 인간과 비슷하게 설계하면 인간은 웬일인지 위화감과 혐오감을 느낀다. 〈스타워즈〉에 등장하는 R2-D2나 C-3PO, 도라에몽이나 도라미짱처럼 '아무리 봐도 인간은 아닌' 비주얼의 로봇에 인간은 친숙하게 느끼고 애정을 갖는다.

만약 '아무리 봐도 인간' 같은 지점까지 로봇의 완성도가 올라가면 깊은 친밀감을 느끼지만, 그 정도의 변화를 그래프로 나타내면 V자 모양의 골짜기로 보이기 때문에 모리 마사히로는 '불쾌한 골짜기'라고 명명했다. 진짜라고 해도 손색없는 수준의 아바타를 3D CG로 만들면 '불쾌한 골짜기'의 딜레마를 극복할 수 있다. 그러나 지금까지 설명한 이유로 가장 어려운 부분인 것은 확실하다.

그러므로 한 가지 선택지로 메타버스의 아바타는 인간과

2. 인간이 인간 아닌 존재를 볼 때 인간과 많이 닮을수록 호감도가 올라가다가 어느 시점에 도달하면 호감도가 뚝 떨어지며 섬뜩함을 느낀다. 이를 그래프로 그리면 골짜기처럼 아래로 푹 꺼지는 지점이 나오는데 이를 '불쾌한 골짜기'라고 한다 - 역주

너무 닮아 있기보다 어느 정도 변형해 만들거나 개성을 부여하는 방향으로 향할 듯 싶다. 스티븐 스필버그 감독의 영화 〈레디 플레이어 원〉에 등장하는 메타버스의 아바타는 인간과 꼭 닮아 있지 않고 애니메이션풍이었다. 다만 가까운 미래, 혹시 1~2년 후에는 크리에이터들이 '불쾌한 골짜기'를 극복하는 데 성공할지도 모른다. 나중에 말하겠지만 크리에이터들은 '상당히 실제 같지만, 뭔가 어색한' 위화감을 극복

| '불쾌한 골짜기' 현상 [3] |

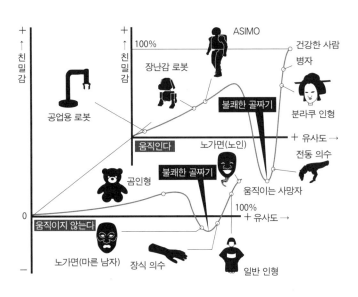

3. 출처: 모리 마사히로, 『불쾌한 골짜기』, 에쏘 스탠더드 석유, Vol.7, No.4, 1970, pp.33-35.

하려 개선을 거듭하고 있다.

또는 '인간과 비슷하게 만들려'는 집착을 그만두고 새나 고양이 같은 동물의 시점, 아니면 우주인 같은 가공의 존재를 아바타로 삼는 게 좋을지도 모른다. 새 버스, 고양이 버스 등도 실제로 나오기 시작했다. 그런 것을 아바타로 하면 자신과 동종이 아니기 때문에 차이가 있기는 해도 '불쾌하다'고 생각하지는 않을 것이다.

———

버튜버와 버추얼 휴먼의 약진

일러스트와 CG로 된 아바타를 내세워 활동하는 유튜버를 'VTuber'(버추얼 유튜버), 즉 버튜버라고 부른다. 2016년 '키즈나 아이'라는 여자 버튜버가 탄생해 큰 인기를 얻었다. 유튜브 채널의 등록자는 300만 명을 넘고 트위터(계정은 '@aichan_nel')의 팔로워는 65만 명이 넘는다. 너무 인기가 많다 보니 BS닛테레 방송국에서 〈테에테에TV^{てぇてぇTV}〉라는 정규 프로그램까지 매주 방송했을 정도다.

일본은 만화와 애니메이션 선진국이기 때문에 키즈나 아이를 비롯한 버튜버가 일찍부터 보급되었다. 유튜브에서 슈퍼챗 세계 최고 금액을 경신하는 등 일본의 버튜버는 해외에서도 주목받고 있다.

실제 인간을 닮은 버추얼 휴먼 '이마imma'도 인기다. 2018년에 인스타그램 계정이 개설되어(계정은 'imma.gram') 팔로워가 39만 명이 넘는다. 2021년 여름에는 도쿄 패럴림픽 개회식에도 등장했다. 이마의 헤어스타일은 핑크 단발머리로, 프라다를 비롯한 의류 브랜드나 음료수 제조사와 많은 콜라보레이션을 했다. 글로벌 브랜드가 가공의 인간을 캐스팅하고 모델로 쓰기 시작한 것이다.

외견이 인간과 너무 똑같아서 이마를 실재하는 패션모델로 착각해 인스타그램을 팔로우하는 사람도 적지 않다. 지금은 정지 화면 위주이지만 앞으로는 3D CG에 의한 동영상도 점점 만들어질 것이다. 실재하는 인간 모델은 나이가 들면서 외모가 점점 변해 언제까지고 젊음을 유지할 수 없다. 그렇다면 자신들의 브랜드에 맞는 버추얼 휴먼을 새로 만들거나, 이마 같은 버추얼 휴먼을 찾아내 스폰서 계약을 맺는 것이 가성비가 좋을 것이다.

해외에서는 게임 실황을 중계하거나 라이브 방송을 하는 극 사실적 아바타 '코드미코CodeMiko'가 인기다. 유튜브 채널의 구독자가 57만 명이 넘는다. 전송자는 여성이며 얼굴도 드러낸다. 자신과 닮은 아바타를 실시간으로 내세워서 인기인이 되었는데, 리얼 〈용과 주근깨 공주〉다. 이처럼 버튜버나 버추얼 휴먼은 '불쾌한 계곡'을 넘어서고 있다.

———

AI가 아바타를 자동 생성하는 미래

예전에는 수준 높은 3D CG 기술을 가진 기업이나 전문가만 버추얼 휴먼 아바타를 만들 수 있었다. 지금은 비용이 거의 제로에 가까워 누구나 리얼한 아바타를 만들 수 있다.

〈포트나이트〉를 운영하는 에픽게임즈가 '메타휴먼 크리에이터MetaHuman Creator'라는 멋진 소프트웨어를 공개했다. 이것을 사용하면 기술력이 거의 없는 일반인도 거의 인간과 비슷한 버추얼 휴먼을 만들어낼 수 있다. 엔지니어가 얼굴 모양을 만들거나 인간 눈의 움직임을 재현할 필요도 없다. AI가 아바타를 자동 생성해주기 때문이다. 이런 소프트웨어가 일반화되면 대단한 기술력이 없는 사람도 할리우드 영화와 같은 수준의 동영상을 만들 수 있게 될 것이다.

키즈나 아이 같은 애니메이션 계열의 아바타는 '브이로이드 스튜디오VRoid Studio'라는 소프트웨어를 사용하면 기술력이 없어도 금세 만들 수 있다. AI가 카메라로 사람의 얼굴을 읽기만 하면 바로 그 자리에서 아바타가 가상 공간에 출현한다.

〈용과 주근깨 소녀〉에서 그려지는 아바타 기술은 틀림없이 5년 이내에 도입될 것이다. 사진이나 동영상을 전송하면 여러분의 표정이나 움직임, 신장이나 체중 등 세세한 수준까지 정보를 읽어내 곧바로 버추얼 휴먼이 탄생하는 것이다.

이전에는 이 기술을 구현하려면 360도 회전 카메라로 사진을 엄청나게 찍어야 했다. 스튜디오나 카메라 등 대규모 설비가 없이 버추얼 휴먼 같은 것은 도저히 만들 수 없었다. 지금은 '메타휴먼 크리에이터'나 '브이로드 스튜디어'라는 소프트웨어와 AI로 누구나 프로 영상 크리에이터처럼 버추얼 휴먼을 만들 수 있다.

머지않은 미래에 버추얼 휴먼 제작이 트위터 아이콘을 바꾸는 것처럼 간편해질 것이다. 3차원의 깊이 있는 아바타가 메타버스에서 활동하고 어느새 인기를 얻어 〈용과 주근깨 공주〉의 나이토 스즈(아바타 이름은 '벨')처럼 폭발적으로 팔려 갈 것이다.

인간은 놀랄 만큼 풍경을 기억하지 않는다

한편 시공간의 풍경은 어떻게 만들 수 있을까? 조금 전에 나는 '인간은 의외로 풍경이 어땠는지 기억하지 못한다'고 말했다. 시부야역 앞의 스크램블 교차로를 떠올려보라. 아마 많은 사람들은 '시부야 109', 그리고 스타벅스 위에 있는 유리로 된 '큐 프런트'라는 건물 말고는 떠올리지 못할 것이다. **큐 프런트 옆 건물이 어떤 모양을 하고 있는지 머릿속에 떠올리고 정확히 묘사할 수 있는 사람은 거의 없다.**

시부야의 광고나 간판은 항상 바뀐다. 1층의 가게가 망해서 다른 가게가 들어오기도 하고, 건물을 새로 단장하는 일도 드물지 않다. 시부야의 스크램블 교차로에서 몇 년 지나도 바뀌지 않는 표지는 '시부야 109'와 '큐 프런트' 정도다. 눈에 들어오는 모든 풍경을 세세하게 기억하고 있다면 정보량이 너무 많아서 머리가 터져버릴 것이다.

인간은 표적을 기준점으로 '공간의 요점'을 기억하고 다른 시각 정보는 도려낸다. 그러면 랜드마크 이외의 시각 정보가 완전히 다른 것으로 교체되거나 색이 전혀 다른 것으로 바뀌어도 놀랄 만큼 알아채지 못한다. 가상 공간에서도 간다 지역이나 진보초 지역의 후미진 골목과 시부야의 골목, 오사카의 골목을 비교했을 때 그곳이 어디인지 알아맞힐 수 있는 사람은 거의 없다. 상점가의 깊숙한 곳이나 주택가로 들어가면 힌트가 되는 랜드마크가 보이지 않기 때문에 어디가 어딘지 모르게 되는 것이다.

하물며 유리에 비치는 건물과 맞은편에 있는 실제 건물 모양이 같은지 아닌지를 인간의 뇌는 판단할 수 없다. 가상 공간에 풍경을 그릴 때는 아바타 이외의 풍경은 의외로 적당히 그려도 신경 쓰이지 않는다.

———

'아시아다움'의 본질

나는 가상 공간에 풍경을 그릴 때는 컴퓨터에 기계학습으로 '일본다움', '도쿄다움'을 기억하게 해 자동으로 그리게 한다. 크리에이터가 방대한 사진을 대충 훑어보고 인력으로 풍경을 하나하나 그리는 것은 현실적이지 않다. 비용과 시간이 너무 많이 든다.

이전에는 구글 스트리트뷰로 세계 각지의 도시를 몇 시간이나 관찰한 적이 있다. 그러면서 '일본다움', '도쿄다움', '아시아다움'을 느끼게 하는 결정적인 근거 중 하나가 간판이라는 것을 깨달았다. 중국이나 한국, 일본에는 과거부터 글자를 세로로 읽는 문화가 존재한다. 그래서 건물 3층이나 4층에 세로 간판이 설치되어 있다. 글자를 가로로만 읽는 서구에는 세로 간판이 거의 존재하지 않는다. 서양인은 간판이 세로로 되어 있는 것을 보고 '일본다움', '도쿄다움', '아시아다움'을 느낀다.

또 하나의 포인트는 도로라는 것을 깨달았다. 일본 전역의 어느 도시에 가도 보도 바로 옆에는 수목이나 산울타리가 있다. 아마 차나 오토바이가 돌진했을 때 충격을 완화하기 위해 심은 것일 테다. 중국이나 홍콩, 한국 등 일본이 아닌 동아시아의 길을 걸을 때는 보도와 차도 사이에 키가 작은 수목이 있는 걸 발견하지 못했다. 차도와 보도 사이에 작은 수목을 설치하기만 해도, 보는 사람이 '여기는 일본이구나' 하고 직감하는 것이다.

메타버스를 디자인할 때는 내가 실천했던 것처럼 인력으로 '일본다움', '도쿄다움', '아시아다움'을 분석할 필요가 없다. AI와 기계학습에 의해 자동으로 디자인하게 될 것이다. '도쿄도 미나토구', '바르셀로나의 항구', '로마의 중심부'라는 버튼을 클릭만 하면 그와 유사한 풍경을 슥슥 그려준다. 그런 소프트웨어가 개발되어 오픈 소스로서 무상으로 제공될 것이다.

현실과 닮았지만 존재하지 않는 새로운 세계

'눈앞의 현실 세계가 존재하는데 왜 현실과 꼭 닮은 세계를 따로 만들어야 하는 걸까?' 같은 질문을 받을 때가 있다. 물론 손으로 만질 수 있는 세계도 매력적이고 멋진 것은 틀림없다.

그러나 또 하나의 세계인 메타버스 안에서는 하늘을 날기도 하고 영화의 주인공이 되기도 한다. SF 소설이나 컴퓨터 그래픽으로만 그릴 수 있는 가공과 공상의 세계가 눈앞에 펼쳐지면 누구든 두근두근할 것이다.

만화든 영화든 게임이든 세상에 존재하는 모든 작품은 현실 세계를 모방한다. 작가나 크리에이터의 상상으로 만들어내는 오리지널도 있지만, 기본적으로는 '세계의 제로 지점'(현실)이 작품의 토대가 된다. 왜냐하면 현실과의 유사점이 없으면 사람은 작품의 세계관에 몰입해 진심으로 즐길 수 없기 때문이다.

만화 『드래곤 사쿠라』나 『우주 형제』를 낳은 편집자 사도시마 요헤이가 "SF 만화는 스토리가 너무 엉뚱하면 독자가 따라오지 못한다. 이야기 내용이 아무리 비상식적이어도 등장인물의 머리 모양이나 실재 공간 정도는 현실 세계에 가깝게 설정해야 한다"라고 말한 것에 주목하자.

그 말을 듣고 보면 『귀멸의 칼날』이나 『주술회전』, 『신세기 에반게리온』의 경우도 등장인물은 우리와 같은 몸을 가진 인간이다. 그러므로 일반적이지 않은 스토리라 해도 수백만 명, 수천만 명이라는 독자가 열중해 즐기는 것이리라.

인간은 자신이 알고 있는 과거의 경험과 유사점을 발견하지 못하면 작품의 세계관을 즐기거나 몰입할 수 없다. 이 세상에 전혀 존재하지 않는 탈것을 CG로 그려놓고 '이것은 차입니다. 인간의 탈것입니다'라고 하나하나 설명해야 한다면 비용이 너무 많이 든다. 그러므로 VR 게임이든 애니메이션이나 영화 같은 엔터테인먼트든 현실 세계와 가깝게 3D 모델을 그리는 것이다.

시험 삼아 할리우드의 SF 영화나 게임 영상을 주의 깊게 관찰해보라. 건물의 모양, 가구나 차, 무기의 형태는 어느 것이나 '현실다운' 것이리라. '현실답게 보이지만 이 세상에 존재하지 않는 새로운 세계'를 어느 정도의 정밀도로 만들어낼 수 있을까 하는 것이, 메타버스 크리에이터의 능력의 척도다.

———

세계를 자동 생성하는 프로시저럴 모델링

AI와 알고리즘에 의해 3D CG를 자동 생성하는 색다른 기술이 있다. '프로시저럴 모델링procedural modeling'이라는 기술이다. 사진이나 영상 등 실제 데이터를 사용하지 않고 알고리즘 처리로 3D CG의 모델링을 한다. '배경이나 조형의 기계적인 자동 생성' 정도로 생각하면 된다. 예컨대 'SF다움', '도쿄다움', '미국다움' 등을 컴퓨터에 한 번 학습시켜 알고리즘에 반영하면 아무리 큰 규모의 공간이라도 나머지는 자동으로 만들어 준다. 그야말로 사방 수십 킬로미터의 3D CG 공간을 일괄적으로 디자인할 수 있는 것이다.

근래의 온라인 게임은 오픈 월드형이고, 많은 사람들이 참여하는 형식이 주류가 되었다. 이런 게임의 배경 공간을 전부 수동으로 그리면 비용 면에서 수지가 맞지 않는다. 그래서 AI가 자동으로 만들고, 나중에 인간이 미세하게 수정하는 하이브리드형(기계와 인력의 조합)이 도입되고 있다. 앞으로는 아바타도 공간도 AI가 완전히 자동으로 생성하는 방식이 주류가 될 것이다.

알고리즘에 의한 자동 생성의 이점은 개발 비용의 절감만이 아니다. 다른 데이터를 입력해 3D 공간을 유연하게 발전시킬 수 있는 확장성을 얻을 수 있다.

예컨대 지난 30년 동안 도쿄에 늘어난 건물 수, 높이, 디자인 등의 데이터를 입수할 수 있다면 그 통계 데이터를 기초로 앞으로 10년 후, 20년 후, 30년 후에 도쿄가 어떤 경관이 될지 그 미래 예상도를 각각 3D 모델로 자동 생성해 늘어놓을 수 있다.

미래의 도쿄를 VR 단말기를 쓰고 걸어 다녀보면 더욱 잘 상상할 수 있을 것이다. 수작업으로 3D 모델을 하나하나 만들면 이런 대대적 처리를 일괄적으로 적용하는 것이 매우 어렵다. 반면 알고리즘으로 3D 모델을 자동 생성하면 가상 공간에 다른 데이터를 입력해 발전시킬 수 있는 유연성과 확장성을 가질 수 있다.

——

미러 월드 = 평행 세계의 실현

동일한 흐름 속에 있는 '미러 월드'라는 키워드도 언급해두기로 하자. 도시, 건물, 가옥, 도로, 다리, 강, 나무 등 현실 세계에 존재하는 모든 것을 복사하고 디지털 공간에 재현한다. 마치 현실 세계와 가상 세계가 거울에 비친 듯 서로 똑같게 복사되는데, 그 가상 세계를 '미러 월드'라고 한다.

《와이어드》의 창간인인 미래학자 케빈 켈리는 2021년 가을에 『5,000일 후의 세계 ─모든 것이 AI와 접속된 '미러 월드'가 찾아온다』라는 신간을 발간했다. 그에 따르면 5,000일 후에는 컴퓨터와 AI가 전 세계의 삼라만상을 모두 디지털 공간에 복사할 수 있게 된다고 한다.

구글 어스나 구글 스트리트뷰는 위성이나 드론, 차량용 카메라가 촬영한 영상이나 사진을 활용해 만들어졌다. **만약 거리 여기저기에 설치된 감시 카메라나 사람들이 손에 든 스마트폰이 찍는 방대한 데이터를 AI가 학습하게 되면 어떻게 될까? 거의 실시간 초 단위로 현실 세계를 복사해 가상 공간을 만들 수 있게 된다.**

상공과 지상에서 촬영한 방대한 데이터를 컴퓨터가 실시간으로 취득해 빅데이터에 집적하고, 그 빅데이터가 실시간으로 가상 세계(평행 세계)에 갱신되면, 사람들의 상상을 뛰어넘어 연구자들 사이에서 말하는 기술적 특이점 singularity이 도래할 것이다. AI와 AI가 상호작용하며 인간이 지시를 내리지 않아도 다음 가상 세계(평행 세계)를 만들어가는 사태도 일어날 것이다.

'주말에 어디 가자. 오늘은 시부야가 좀 복잡할지도 모르겠는걸. 가루이자와가 한적하다면 신칸센을 타고 거기나 가

볼까?' 이렇게 망설일 때 사람들은 일단 일기예보를 체크하고 트위터에 검색어를 입력해 알아볼 것이다.

하지만 만약 미러 월드가 만들어지면 2차원의 정보를 수동으로 검색해 대충 훑어볼 필요가 없다. 지금 시부야가 얼마나 복잡한지, 가루이자와의 출구가 얼마나 북적이는지 거의 실시간으로 복사되는 미러 월드에 로그인해 직접 체험해보면 된다(사실 그게 가능하다면 일부러 신칸센을 타고 실제로 멀리까지 갈 필요도 없어질지 모르겠다).

자신의 시점에서 미러 월드에 로그인해 실제로 걷는 듯한 감각으로 3차원 공간을 돌아다닌다. 거기서 관광을 즐기고 쇼핑까지 마친다. 인스타그램이나 틱톡을 앞서는 미러 월드는 몰입감이 대단할 것이다.

이렇게 되면 '음식점 관련 웹 사이트의 사진이 굉장히 좋았는데 실제로 가게에 가서 봤더니 엄청 좁아서 김샜다' 하는 일도 없어진다. 가게가 좁은지 넓은지, 멋지게 꾸민 가게인지 아닌지, 그런 것은 사전에 미러 월드에 로그인해서 살펴보면 된다.

'가게에 들어가봤더니 자리 배치가 안 좋아서 옆자리 손님이 하는 이야기가 시끄럽게 들렸다', '찾아가기가 엄청 불편했다' 같은, 실제로 가보지 않으면 알 수 없는 실패들은 줄어들고 미래인은 놀랄 만큼 정보를 현명하게 이용할 것이다.

미러 월드 덕분에 인간은 실패하지 않는 동물, 실수하지 않는 동물이 되어갈지도 모른다.

———

메타버스 구축을 위한 세 가지 접근

지금까지 메타버스를 만드는 기술의 발전과 그 가능성에 대해 말했다. 여기서는 메타버스의 구축 순서를 생각해보겠다. 다음 세 가지 경우를 생각할 수 있다.

① 우선 아바타부터 만들고 이어 가상 공간을 넓힌다.

② 우선 가상 공간을 제공하고 아바타는 나중에 충실하게 만든다.

③ 게임이나 영상이라는 엔터테인먼트 콘텐츠를 제공하고, 거기에 모이는 사람들의 커뮤니케이션을 촉진한다.

그리GREE의 자회사 리얼리티REALITY는 로그인한 아바타끼리 이야기를 하거나 라이브를 전송할 수 있는 화상 채팅 서비스를 내놓았다. ①번 경우이다. 리얼리티의 이용자가 늘어남에 따라 그들은 가상 공간의 크기를 점차 키워가는 접근을 채택할 수 있다.

조만간 아바타가 3차원으로 된 여러 장소를 돌아다니게 될 것이다. 서비스를 업그레이드함으로써 단순한 화상 채팅 애플리케이션이 메타버스로 발전해가는 것이다.

'클러스터Cluster'나 'VR챗VRChat'은 ②번으로, 가상 공간에 즐거운 라이브 광장을 만들어 '모두 모여라' 하고 호소하는 방식이다. 초기 설정된 아바타는 굉장히 단순한 디자인이었지만 지금은 이용자의 편의성을 위해 디자인을 일부 변경해 눈의 모양이나 색을 선택하거나 외부에서 디자인한 아바타를 사용할 수 있게 되었다. 이들은 ②번의 방식으로 메타버스 구축을 진행하고 있다.

〈포트나이트〉도 그렇고, 근미래에 실현될 것 같은 버추얼 디즈니랜드는 ③번일 것이다. 킬러 콘텐츠나 자금 조달 능력에 상당한 여유가 있는 기업이 아니면 ③번 방식으로 메타버스 만들기는 불가능하다.

이렇듯 전 세계의 기업가가 필사적으로 메타버스 만들기에 몰두 중인 것은 확실하다. 우리는 이 시대의 흐름을 놓쳐서는 안 된다. 메타버스의 가상 공간을 무대로 18세기의 산업혁명에 필적할 만한 거대한 지각변동이 일어나려 하고 있다.

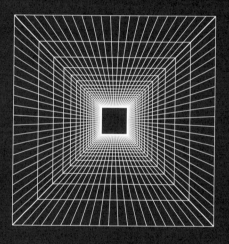

세계를 만드는 방법 II

| 생태계 |

개인은 자신의 이익을 추구함으로써
더 효과적으로 사회의 이익을 증진시킨다.

—

애덤 스미스

신의 그림자를 그릴 수 있을 때
내 그림은 비로소 완성된다.

—

렘브란트 판 레인

———

성공을 가르는 것은 '세계의 해상도'

이번 장에서는 세계를 만드는 법의 후반인 '생태계' 만드는 법을 소개하겠다. 우선 말해두고 싶은 것은, **이 장에서 이야기할 것은 추상도가 높고 난해하게 느껴지는 부분이 많다**는 점이다. 우리가 사는 이 세계는 진절머리 날 정도로 뒤얽혀 있고 복잡하다.

이 장에서는 그것을 따로따로 분해해 다시 한번 조립하는 수순을 설명할 것이다. 원래는 여러 학문 분야를 횡단하는 이야기지만 되도록 간단한 문장과 논리로 간략하게 설명할 생각이다. 그럼에도 이 책이 다루는 '세계를 만드는 법'이라는 주제는 믿을 수 없을 정도로 심오한 영역이고 사고의 힘이 요구되는 분야라는 것은 틀림없다. 따라서 이 장은 이 책에서 가장 중요한 부분이다.

메타버스 시장을 대략적으로 알려주는 입문서를 볼 수도 있지만, 이 장의 이야기는 다른 책으로는 대체할 수 없는 부분이며 여기에 이 책의 독창성이 있다. 그러므로 본론으로 들어가기 전에 이 장을 깊이 이해함으로써 독자의 인생에 어떤 이점이 있는가에 대해 언급해두고자 한다.

———

아키모토 야스시가 세계를 파악하는 방법

나는 성인이 되고 나서 줄곧 창업자, 경영자로 살아왔다. 직업상 수백억에서 수천억 엔의 사업을 하는 경영자나 거액의 자금을 움직이는 투자자, 국민적 히트작을 만드는 프로듀서, 히트곡을 만드는 뮤지션 등 세상에서 비범한 성과를 낸 사람들에게 이야기를 들을 기회가 많았다.

그런 특수한 사람들에 대한 사람들의 반응은 대부분 두 가지로 나뉜다. 그가 '천재'거나 혹은 '운이 좋았다'는 것이다. 나는 호기심이 강해서 그런 사람을 만나보면 여러 각도에서 질문 공세를 해 그들이 다른 사람과 무엇이 다른지를 살펴본다.

그 결과, 그들에게서 찾아낸 공통점은 **보통사람들과 '세계를 파악하는 방법'이 전혀 다르다는 점이다.** 다른 사람이 알지 못한 이 세상의 법칙성을 정확히 파악하고 있어서, **보통사람들에게는 '운'으로 보이는 것도 그들에게는 일정한 패턴이었던 경우가 많다.** 비유하자면 보통사람이 깜깜한 동굴을 손으로 더듬어 나아가는 것을, 그들은 어둠 속에서도 정확히 배경을 파악할 수 있는 야간 투시경을 쓰고 걷는 것과 같다. 다시 말해 **이 세계에 대한 해상도가 압도적으로 다른 것이다.**

그중에서도 두드러진 사람은 아키모토 야스시였다. 아키모토는 알다시피 20대에 '오냥코 클럽おニャン子クラブ'을 프로듀스해 국민적인 아이돌 그룹으로 키웠고, 그 후에는 '미소라 히바리'의 곡 〈흐르는 강물처럼川の流れのように〉을 작사했다. 그리고 'AKB48'라는 그룹을 프로듀스해 사회 현상까지 일으켰다.

예능, 곡, 게임, 영화 등 엔터테인먼트 영역은 다른 비즈니스에 비해 운에 좌우되기 쉬운 불확실한 환경이다. 딱 한 번이라도 국민적 히트를 쳤다면 그것만으로도 굉장한 공적이라고 할 수 있다. 그런데 아키모토는 이 영역에서 여러 차례 대히트를 기록했다. 그것을 운으로 치부할 수는 없다.

나는 그가 다른 사람과 뭐가 다른지 궁금해 콘텐츠를 히트시키기 위해 어떤 노력을 했느냐고 꼬치꼬치 물었다. 인상적이었던 것은 "사토, 콘텐츠는 사람들이 '그거'라고 말하면 성공한 거야. 그걸 노려"라고 말한 지점이었다. 우리가 친구에게 곡이나 드라마, 영화 이야기를 하면서 '야, 그거 봤어?', '아아, 그거?' 하는 식으로 말하곤 한다. 그때 상세히 말하지 않고 '그거'라고 지칭해도 친구와 대화가 된다면 성공한 것이니, 그런 환경이 될 수 있도록 작품의 제목, 보여주는 방법, 콘텐츠, 복잡함, 널리 퍼뜨리는 방법을 역산해 생각해야 한다는 것이다.

아키모토의 작품을 자세히 분석하면 거기에는 일정한 성공 패턴이 숨어 있다. 그의 작품은 '아, 다 같이 춤추는 그 곡' 하는 식으로 모든 사람이 화제로 삼을 수 있도록 설계되어 있다. 그는 누구나 이해할 수 있는 쉬운 가사와 누구든 몇 번 들으면 계속 흥얼거리게 되는 단순한 멜로디로 토대를 만든 뒤, 시대에 맞게 시크한 것을 절묘하게 추가해 너무 뻔하지 않은 작품을 만든다.

여기서 '뻔하지 않다'는 것은 다소 새로움을 준다는 의미다. 다만 '과하지 않은 게' 포인트로, 너무 비켜놓으면 많은 사람이 이해하지 못해 작품이 널리 퍼지지 못한다. 누구나 받아들일 수 있는 편한 콘텐츠로 80퍼센트를 구성하고 나머지 20퍼센트에만 의도적으로 새로운 요소를 넣어서 사람들의 기억에 남으면서도 친구와 '그거'라고 말할 수 있는 정밀한 작품을 만들어낸다.

나는 그가 우연이 아니라 완벽하게 구조를 이해한 상태에서 이런 작업을 한다는 게 충격이었다. 말로 하면 간단하게 들리지만, 남녀노소를 불문하는 편한 콘텐츠를 만들기 위해서는 시대가 바뀌어도 불변하는 세계의 '보편성'을 이해하고, 한편으로는 시대와 함께 변하는 '유행'을 정확히 파악해야 한다.

도박이라고까지 일컫는 엔터테인먼트 영역에서 이렇게까지 콘텐츠를 과학적으로 연구해, 법칙성을 발견해서 재현 가능한 성공을 추구한 사람이 있다는 사실에 나는 깜짝 놀라게 된다. 아키모토야말로 세계에 대한 해상도가 높은 대표적 인물이라 할 수 있다.

마찬가지로 각 업계에서 비범한 성과를 낸 사람들의 이야기를 들어보면, 그들이 다른 사람과는 다른 '세계의 숨은 법칙성'을 포착하고 있음을 알 수 있다. 무의식적으로 그렇게 하고 있는 사람도 있고, 아키모토처럼 논리적으로 적용해 이해하고 있는 사람도 있다.

그들의 공통점은 세상에 대한 해상도가 압도적으로 높고, 뭔가를 시도했을 때 어떤 일이 일어나는지에 대한 법칙성을 다른 사람보다 숙지하고 있으며, 그것을 끊임없이 다듬어서 자기 나름의 성공 패턴을 만들었다는 점이다. 그런 의미에서

다른 사람에게는 큰 도박으로 보이는 것이 그들에게는 도박이 아니다.

그리고 이런 지점이 그들의 운이 매우 강해보이는 이유일 것이다. 이 장에서 설명하는 내용은, 이처럼 아주 뛰어난 성과를 낸 사람들이 이해하고 있는 세계의 숨은 패턴을 응축한 것이라고 해도 좋다.

실세계의 온갖 상황에 응용할 수 있고 또 규모를 가리지도 않는다. 다시 말해 열 명의 그룹에도, 1,000명의 조직에도, 100만 명이 이용하는 웹 사이트에도 들어맞는 이야기이고, 엔터테인먼트에서부터 음식점, 온라인 사교 모임, IT 기업의 경영에 이르기까지 온갖 분야에 응용할 수 있다.

거꾸로 말하자면 응용 범위가 넓어지고 보편성이 커질수록 그것에 비례해 이야기의 추상도는 올라간다. 앞으로 소개할 생태계 만드는 법은 잘만 다루면 온갖 상황에 응용할 수 있기에 세상에서 큰 성과를 내고자 하는 야심 있는 사람일수록 계속해서 읽고 싶어질 것이다. 꼭 각자 관여하는 프로젝트, 조직, 비즈니스 등에 구체적으로 적용하며 읽어보기를 추천한다.

'생태계'로서의 세계와 '공간'으로서의 세계

반복해서 말하지만 '세계를 만든다'고 할 때의 '세계'는 서로 다른 두 가지 의미를 갖는다. 첫째는 인간이 오감으로 느끼는 공간으로서의 세계다. 둘째는 국가나 사회, 커뮤니티처럼 인간의 머릿속에 있는 '생태계'로서의 세계다.

'공간'으로서의 세계, '생태계'로서의 세계 양쪽이 어우러져 우리가 사는 이 현실 세계가 만들어지고 있는 것이다. '공간'으로서의 세계를 만드는 법은 앞장서 말한 것처럼 테크놀로지적 요소가 강하지만 '생태계'로서의 세계를 만들려면 인간이나 사회에 대한 깊은 이해가 필요하다.

예전에 나는 애플리케이션 등에 대한 약 2억 명의 반응을 데이터 분석해 서비스 제공 기업에 개선 피드백을 주는 업무를 했다. 그 무렵 '만약 컴퓨터를 통해 온갖 데이터 학습이 가능하게 되면 현실 세계에 그 개선점이나 문제점을 제시할 수 있을 뿐 아니라 세계 그 자체를 만들어낼 수 있게 될 것'이라는 착상이 갑자기 떠올랐다. 그때부터 나는 세계를 만들기 위해 무엇이 필요한지를 생각하며 사업, 조직, 제품, 개발을 통해 실험을 거듭해왔다.

세계란 각종 생태계의 합이다

우리는 크고 작은 다양한 '생태계'에 둘러싸여 살고 있고, 그 각각을 하나의 세계로 인식하고 있다.

우리가 아는 가장 거대한 세계는 '우주'다. 인간이 사는 '사회'나 '국가'도 그곳에 사는 사람들에게 세계 그 자체임은 틀림없다. '회사'나 '학교'도 그곳을 다니는 사람에게는 하나의 세계다. '자연계'처럼 눈에 보이는 형태의 세계도 있고 SNS처럼 가상 공간에만 존재하는 세계도 있다. 이런 '생태계로서의 세계'는 굉장히 복잡하면서도 마치 생물처럼 유기적이고, 게다가 관리자 없이 돌아갈 정도로 분산적이다.

'생태계라는 복잡한 구조를 인위적으로 디자인해 만들어 낼 수 있을까?', '또는 세계란 그저 우연히 생긴 산물에 지나

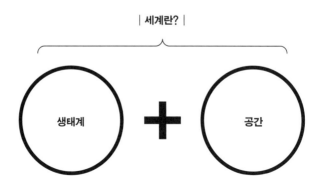

| 세계란? |

생태계 ＋ 공간

지 않은 건가?' 나는 머릿속으로 계속 이런 생각을 해왔다. 어느 선배 경영자에게 "생태계 같은 것을 의도적으로 만들어낼 수 있다고 생각합니까?"라고 물어본 일이 있다. 그러자 그는 "생태계란 우연의 결과로 생겨난 것이니, 인간이 의도적으로 만들어낼 수는 없겠지"라고 즉답했다. 그런 단언을 들은 후에도 내 머릿속에서는 여전히 그 의문이 떠나지 않았다. 만약 생태계가 우연의 산물이라면 사람들의 일상 활동은 계속해서 주사위를 던지는 도박 같은 것이 되니, 너무나도 취약하고 공허하게 여겨졌기 때문이다.

아주 옛날에는 재해나 기근도 신의 소행이라고 생각했다. 하지만 현재는 과학의 발전과 사람들의 노력으로 재해나 기근의 메커니즘이 해명되어 이해 가능해졌다. 주술사에게 주술을 부리게 하거나 미신에 매달리지 않고도 과학적으로 예측해 어느 정도까지는 사전에 대책을 강구할 수 있게 되었다.

인간이 의식적으로 디자인해 가상 공간상에 생태계를 만들어낼 수 있게 되면 세계는 더 나은 곳으로 바뀔 것이다. 현실의 지구 환경을 쓸데없이 파괴해 난개발을 진행하는 게 아니라, 개발은 메타버스의 가상 공간에서 진행한다. 메타버스상에서 다양한 시뮬레이션을 해보고 현실 지구 환경의 안전을 확보하기 위해 유익한 정보를 피드백한다. '세계를 더 나은 곳으로 만들고 싶다'고 꿈꾸는 사람이 올바른 방향을 향해 노력을 거듭해 메타버스 개발을 진행하면 전 인류에게 플러스가 될 것이다.

———

세계를 바꾼다 = 새로운 생태계를 만드는 것

'세계를 바꾼다'라는 문구를 자주 듣는다. '만약 자신에게 힘이 있다면 사회를 변혁하고 싶다. 세계를 바꾸고 싶다'고 말하는 사람이 상당히 많을 것이다. 여기서 말하는 '세계'란 바로 '생태계로서의 세계'와 같은 의미다. '세계를 바꾼다'는 것은 '자신들이 사는 생태계의 구조를 바꾼다'는 것을 의미한다. 자신들이 사는 세계의 문제가 너무 많아서 문제를 개선해 더 나은 곳으로 만들고 싶다고 생각하는 것 자체는 타당한 생각이지만, 막상 실행하려면 만만치 않다.

특정 국가에서 무력에 의한 쿠데타를 실행해 주도권을 탈취한다거나 혁명이 일어나는 등의 방식은 많은 불행을 낳고, 현대 사회에서는 일반적으로 실현 가능성이 낮다. 파벌 투쟁을 거쳐 다수결로 겨뤄도 찬성할 수 없는 나머지 사람들에게는 응어리가 남는다. 경직된 채 서로 으르렁거리고 추잡한 싸움이 되어 시간과 노력을 쓸데없이 소모할 뿐이다. 정치가

나 기업 내의 파벌 투쟁을 본 적이 있는 사람은 내가 하는 말에 수긍할 것이다.

그렇다면 **오늘날 세계를 바꾸기 위해서는 어떤 방법이 가장 효과적일까? 새로운 생태계 가설을 생각하고, 실제로 그것이 제대로 성립하는지를 증명하는 방법일 것이다. 이것이 세계를 바꾸는 지름길이다.**

만약 메타버스상의 생태계가 기존 세계보다 효율적으로 설계되었고, 많은 사람에게 이점이 있다면 어떨까? 사람들은 메타버스상의 생태계를 부정하지는 않을 것이고, 많은 사람이 자신도 가상 공간(또 하나의 생태계)에 참여해보고 싶다고 생각할 것이다.

옛날 사람들은 물리적인 토지를 서로 빼앗았다. 하지만 오늘날 세계의 많은 것들은 토지와 관계없는 사회적인 '개념'에 지나지 않는다. 기업도, 조직도, 커뮤니티도, 그룹도 사람들의 인식 안에만 존재하며 물리적인 공간과는 분리되어 있다.

그렇다면 **세계를 바꾸고 싶다고 생각하는 사람은 기존 세계의 문제점을 극복하기 위해 새로운 생태계 모델을 생각해서, 실제로 가상 공간(또 하나의 생태계)을 만들어내면 되는 것이다.** 무력 충돌과 긴장으로 영토와 영해를 서로 빼앗고 세계의 주도권 싸움에 시간과 노력을 허비하는 일은 상당히 바보 같은 일이다. 기득권자와 충돌하거나 회사 상사를 설득하는 일도 시간 낭비일 뿐이다.

차라리 자신이 이상으로 여기는 세계를 새롭게 만드는 게다. 이른바 독립국 같은 것이다. 메타버스상에 새로운 생태계를 만들고, '이쪽에서 생활해보지 않겠어요?' 하고 현실 세계에 말을 걸어 동지를 모집한다. 이런 방식을 채택하면 아무도 상처받는 일이 없고, 누군가로부터 영토와 영해, 재산을 수탈할 필요도 없다.

다만 그렇게 하려면 새로운 생태계를 만들 수 있는 노하우가 있어야 한다. 메타버스 개념을 내세워 자신의 주장을 소리높여 외치는 것만으로는 아무도 상대해주지 않는다. **'이 세계를 더 낫게 하고 싶다', '세계를 바꾸고 싶다'고 생각하는 사람은 우선 생태계 만드는 법을 처음부터 배워야 한다.** 그 세계에 참여하고 있는 사람이 열 명이든 수천 명이든 수천만 명이든 '세계'가 기능하게 하는 데에는 보편적 패턴이

| 세계를 바꾼다 ≒ 새로운 생태계를 만든다 |

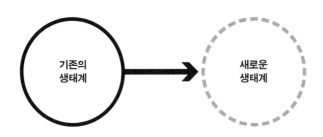

있다. 그 진리를 이해하고 사회의 모든 측면에 응용해가는 것이다.

부끄러운 이야기이긴 한데, 예전에 나는 강렬한 의지만 있다면 세상도 바꿀 수 있고 뭐든 실현할 수 있다고 생각했다. 물론 그런 일은 없었다. 개인의 의지만으로는 어쩔 도리가 없는 일이 존재하기 때문이다. 사실에 크게 절망해 혼자 오랫동안 무기력한 시간을 보낸 일이 있다. 세상이 이랬으면 좋겠다는 이상과 실제 세상의 현실은 전혀 다른 것이고, 서로 관계가 없기 때문이다.

이때 개인의 의지가 미치지 않는 가장 큰 힘이라고 느꼈던 것이 사회 생태계의 힘이다. 사회는 개인의 이상과는 관계없이 계속 돌아간다. 사회에는 강력한 관성(타성)의 힘이 작동하고 있고, 그 관성은 사소한 개인의 의지 따위는 감쪽같이 없애버릴 정도로 강력하다.

그러나 개인의 의지를 넘어선 생태계의 힘을 배우고 그것을 잘 다루면 또 다른 배경이 보인다. 새로운 세계(생태계)를 만들어낼 수 있다면 이 세계(실제 사회)와 싸울 수 있다. 이 장에서 설명하는 '세계 만드는 법'은 인류가 어쩔 도리 없는 눈앞의 현실이나 운명에 맞설 수 있는 '무기'다. 세계를 바꾸고 싶은 사람은 꼭 이 무기를 손에 넣어 자신의 이상을 실현하기 바란다.

한편 이처럼 큰 이야기가 아니어도 리더는 조직의 매니지먼트에, 커뮤니티를 운영하는 사람은 그 활성화에, 서비스를 만드는 사람은 이용자 확대에 이 방법을 적용할 수 있다. 메타버스 개념을 들어도 도무지 감이 오지 않는 사람은, 자신이 참가하고 있는 다양한 세계(조직, 커뮤니티, 환경, 업계, 서비스)로 치환해 생각해보면 쉽게 이해할 수 있을 것이다.

잘 순환하는 생태계의 특징

드디어 본론으로 들어가보자. 잘 돌아가는 생태계에는 대략 세 가지 특징이 있다.

● 자율적일 것

첫째, 잘 돌아가고 있는 생태계는 자율적이다. 지시나 명령 없이도 각 참가자가 스스로 생각해 행동하고 개선을 거듭한다. **외부의 지시에 따라 생태계가 돌아가는 것이 아니라 마치 집단 그 자체에 의사가 있는 것처럼 움직인다.** 자율적이란 말은 생태계가 잘되고 있다는 증거다. 생태계를 자율적으로 돌아가게 하기 위해서는 참가자가 생태계 내의 규칙을 잘

| 생태계의 세 가지 특징 |

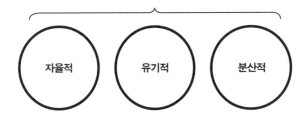

자율적 유기적 분산적

이해하고 그 속에서 자신의 역할을 잘 알고 있어야 한다.

● 유기적일 것

둘째, 각 참가자가 서로 연대하며 하나의 생태계를 만들어 낸다는 것, 즉 생태계가 유기적이라는 것도 포인트다. 생명은 믿을 수 없이 많은 수의 세포가 모여 상호작용하며 하나의 생물을 이룬다. 생명과 마찬가지로 **생태계도 이곳에 참가하는 각자가 교류하며 전체를 형성해가는 것이다.** 생태계가 유기적이라면 참가자의 상호 커뮤니케이션은 항상 이루어진다. 새로운 사람이 들어오고 누군가는 나가기도 하지만 동일성을 잃지 않는다. 사람의 드나듦이 있어도 이전과 다름없이 계속 움직인다.

● **분산적일 것**

셋째, 생태계가 분산적이라는 것도 포인트다. '분산적'의 반대어는 무엇일까? '중앙집권적'이다. 중앙집권적 생태계는 그 한가운데 지시를 내리는 사령탑이 없으면 성립할 수 없다. 이런 생태계는 사령탑을 잃는 순간 큰 혼란에 빠진다. **분산적 생태계는 사령탑 같은 것은 필요하지 않다. 지휘관이 없어도 전체가 멈추지 않고 계속 움직인다.**

우리가 직접 관찰할 수 있는, 가장 잘 만들어진 생태계는 '자연계'다. 자연계는 자율적이고 유기적이고 분산적이며, 그렇다고 해서 사령탑이 있는 것도 아니다. 참가자인 동식물에는 각각의 역할이 있다. 개개의 생물이 살기 위해 따로따로 움직이고 있는 것 같으면서도 하나의 거대한 환경을 유지한다. 태어나는 생물과 죽어가는 생물이 있고, 참가자가 항상 교체되며 자연계의 진행은 그치는 일이 없다. 전체는 변하지 않고 계속 움직인다.

인간 사회는 자연계의 열등한 모방 같은 것이다. 시대와 함께 시행착오를 거듭하며 인간 사회는 서서히 그 구조를 복잡하게 했고 고도화해왔다. 그러나 인간 사회는 아직 자연계만큼의 복잡성이나 유연성을 갖는 데는 이르지 못했다. 자신의 손으로 메타버스 생태계를 만들 때는 '자연계가 목표'라고 상상하며 작업을 진행하는 게 좋을 것이다.

카리스마의 구심력과 생태계의 관성력

왜 '분산적'인 생태계가 더 잘 돌아갈까? 사실 많은 참가자가 모이는 집단을 형성하는 손쉬운 방법은 카리스마로 사람을 끌어들이는 것이다. 강한 비전을 가졌고 용모단정하며 재능이 풍부한 카리스마는 주위 사람을 끌어당긴다. 그 **카리스마를 중심으로 집단을 만드는 방식은 손쉬운 지름길처럼 보일 것이다. 그러나 이는 일종의 도핑(약물 사용) 같은 것이다.**

카리스마에 의존한 집단은 시작하는 속도는 빠르지만 구조로서는 굉장히 취약하다. 카리스마적 존재가 실질적으로 그 집단의 최대 급소다. 그를 공격함으로써 그 집단을 정지시킬 수 있기 때문이다. 이것을 단일 장애 지점Single point of failure 이라고 한다. 일반적으로 시스템은 복수의 하드웨어로 구성되는데, 시스템을 구성하는 하드웨어 중 하나만 고장 나도 시스템 전체가 정지하는 것이다. 그에게 스캔들이 터지거나 의욕이 없어지거나 재능이 고갈되거나 매력이 없어지는 순간, 집단은 어쩔 수 없이 소멸하게 된다.

그 때문에 한 존재의 구심력으로 지탱되는 집단은 단명한다. 참가자가 카리스마의 존재에 의존하고 있기에 각자 스스로 생각해 행동해서 전체를 개선하는 자율성도 생겨나지 않는다.

초기의 소수 집단을 형성하기 위해 카리스마에 의존하는 것은 빠르고 편하다. 다만 집단을 점점 확대해나갈 때는 이에 의존하는 탓에 오히려 고생한다. 자신과 유사한 속성의 인간을 매료시킬 수는 있어도 자신이 평소 접하지 못한 사람들, 다른 가치관을 가진 사람을 매료시키기는 무척 어렵기 때문이다. 그 때문에 이런 집단은 규모를 키우기 힘들다는 숙명이 있다.

반대로 앞에서 말한 요소를 겸비해 자율적이고 유기적이며

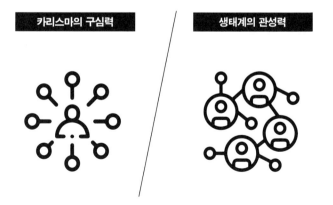

분산적인 '생태계'를 이룬 집단은 어떨까? 카리스마가 이끄는 집단과는 정반대 성질을 갖는다. **구조적으로 돌아가고 참가자에게 각각의 역할이 있으며 자신의 이익을 위해 스스로 생각하고 행동한다. 이런 집단은 전체적으로 더욱 번영한다.**

자율적이고 유기적이며 분산적인 집단은 카리스마 없이도 네트워크처럼 참가자끼리 상호작용하며 돌아간다. 그 때문에 가령 누군가가 없어져도 집단이 단숨에 소멸하는 일은 없다. 전체적으로 '관성(타성)의 힘'이 강하게 작동하고, 특정한 누군가에게 의존하는 일 없이 집단은 계속 돌아간다.

한편 이런 집단의 결점은 생태계가 잘 돌아가려면 복잡한 요소를 모두 갖춰야 한다는 점이다. 그렇게 하기 위해서는 긴 시간이 필요하다.

이와 같은 요소를 생각할 때, 카리스마의 구심력으로 단숨에 모집단을 형성한 후 서서히 분산적 생태계로 이행하는 것이 좋다. 양자의 '장점 취하기' 전략이 현실적일 것이다.

100년을 이어가는 위대한 기업은 거의 예외 없이 카리스마적 인물에 의해 창업되었다. 그가 경영에서 물러나거나 사라지고 나서도 기업이 성장을 계속할 수 있도록 경영 노하우를 '구조화'해서 후진에게 물려줘야 한다. 그렇게 하면 기업은 100년이고 200년이고 발전을 계속할 수 있다.

생태계의 역할과 가치의 종류

다음으로 생태계의 '장으로서의 역할'과 거기서 교환되는 '가치의 종류'에 대해 생각해보자. **생태계란 간단히 바꿔 말하면 '가치 있는 것을 교환하는 환경'이다.** 여기서 말하는 가치에는 상품처럼 물리적인 것도 포함하고 정보나 영상 등의 무형물도 포함한다.

참가자가 '이곳에 가치가 있다'라고 파악하면 생태계에서 교환이나 거래가 이루어진다. 자연계에서는 동식물이 살아가기 위한 '에너지'를 교환하고, 소비 경제에서는 '상품이나 서비스'가 거래된다. 금융 경제에서는 주식이나 부동산 등의 '금융자산'을, SNS에서는 '정보'를 교환하며 생태계를 구축해간다.

인간이 만드는 '사회'라는 생태계에서 교환되는 가치는 크게 세 종류로 나뉜다. ① 실용적 가치, ② 감정적 가치, ③ 사회적 가치다.

● **실용적 가치**(돈벌이가 되는 것 · 도움이 되는 것)

실용적 가치는 가장 알기 쉬운 것으로, 실생활에 도움이 되는 물건이나 서비스나 정보다. 시장에서 교환되는 상품, 음

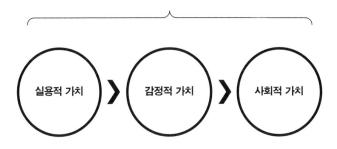

| 가치의 3분류 |

실용적 가치 > 감정적 가치 > 사회적 가치

식점이나 호텔에서 제공되는 서비스, 금융 시장에서 교환되는 주식이나 부동산 등 경제적으로 실리 있는 가치를 가리킨다. 사람에게 도움이 되거나 돈벌이가 되는 것은 모두 실용적 가치를 갖는다.

● **감정적 가치(공감할 수 있는 것 · 긍정적이 되는 것)**

감정적 가치는 직접 생활에 도움이 되는 것도 아니고 돈벌이가 되는 것도 아니다. 그 대신 인간의 감정에 긍정적인 영향을 주는 것들이다. 엔터테인먼트업계가 다루는 것을 상상하면 이해하기 쉬울 것이다. 예를 들어 라이브나 음악을 보고 듣는다고 해서, 그것이 우리에게 직접적 이익을 주지는 않는다. 그렇지만 감정적인 만족감이나 행복을 선사한다. 그러므로 사람은 이에 '대가(티켓값)를 지불할 의향'이 있는 것이다.

술집이나 음식점은 그저 술을 마시거나 식사를 하기 위해서만 가는 곳이 아니다. 그곳의 주인이나 단골손님을 만나고 싶어서 돈을 지불하는 측면도 있다. 실용성과는 관계없이 사람은 특정한 감정을 보상으로 이해한다. 감정적 가치에는 이런 측면이 있다.

● **사회적 가치**(세상 전체에 플러스가 되는 것)

마지막은 사회적 가치다. 우리는 자신이 참가하는 집단 전체에 이점이 된다면 참가자 개인에게도 가치가 있다고 느낀다. 이를 사회적 가치라고 부른다. 예컨대 자원봉사나 기부 행위에는 직접적 이득이 없지만, 그 행위가 사회 전체의 질서와 번영에 플러스가 된다면 시간이나 노력이나 대가를 지불해도 좋다고 생각하는 게 사람이다.

이 세 가지 가치의 크기는 같지 않다. '실용적 가치 > 감정적 가치 > 사회적 가치' 순서이다. 직관적으로 생각하면 알 수 있듯, 사람은 자신에게 도움이 되는 일에서 가장 강하게 가치를 찾아내는 법이다.

사람은 의식주가 충족된 상태가 아니라면 좀처럼 감정적 가치에 대가를 지불하려 하지 않는다. 여유 있는 사람이 아니라면 자원봉사나 기부에 흥미를 갖기도 어려운 게 현실이다.

　　다만 세상이 서서히 풍족해짐에 따라 '실용적 가치 > 감정적 가치 > 사회적 가치'의 배분은 '실용적 가치 < 감정적 가치 < 사회적 가치'로 바뀔 것이다.

　　요즘 세상에서는 임팩트 투자(자선 활동과 이익 획득을 동시에 진행하는 투자)와 크라우드펀딩이 고조되고 있다. '자신에게 도움이 된다', '돈벌이가 된다'라는 경제 합리성을 넘어 사회 전체를 더 나아지게 하고 싶다는 움직임이다. 사람들이 실용적 가치나 감정적 가치보다 사회적 가치를 더 중시하고 있다는 예시일 것이다.

　　SDGs(Sustainable Development Goals, 지속 가능한 개발 목표)나 환경 대책은 그런 흐름을 이어받은 것으로, **앞으로는 실용적 가치나 감정적 가치에 비해 사회적 가치의 비중이 점점 커질 것이다.**

———

가치를 만드는 사람, 가치를 느끼는 사람

가치를 교환하는 존재로서 생태계에는 대략 두 가지 타입의 참가자가 있다. 첫째는 조금 전에 말한 세 종류의 가치를 만들어 공급하는 '가치 생산자'다. 둘째는 그 가치를 사거나 보거나 듣거나 평가하는 '가치 소비자'다.

여기서 말하는 **'생산자'나 '소비자'라는 단어는 어디까지나 '가치를 만드는 측(생산자)'과 '가치를 느끼는 측(소비자)'이라는 의미다.** 채소나 과일을 생산하는 사람이나 상품을 사는 사람이라는 의미보다 더 넓은 의미로 생산자나 소비자라는 단어를 사용하고 있다. 예컨대 에너지를 교환하는 자연계에서 생산자란 광합성을 하는 식물이다. 식물을 섭취하며 사는 동물은 소비자가 된다.

SNS에서 라이브 중계를 하거나 예쁜 동영상을 찍거나 재미있는 말을 해주는 이용자는 가치 있는 정보를 제공하는 생산자다. 그 사람이 게시하거나 쓴 것을 보거나 들으면서 코멘트를 해주는 이용자는 정보를 소비하는 소비자에 해당한다.

온라인 사교 모임이나 동아리에서는 기획하는 사람이 생산자다. 그 기획에 참여해 즐기는 사람은 소비자에 해당한

| 생태계의 참가자 |

다. 크게 나누면 생태계의 참가자는 '가치를 공급하는 사람'과 '그 가치를 소비하는 사람'이라는 역할로 나뉜다. 일반적으로 **생산자의 수는 그다지 많지 않으며, 소비자 수가 압도적으로 많은 게 대부분이다.**

참가자의 양면성

생산자와 소비자가 깨끗이 분리되지 않고, 상황에 따라서는 생산자가 소비자로, 소비자가 생산자로 바뀌기도 한다. 이런 양면성을 가진 생태계는 더욱 강하고 견고하게 성장해간다.

현실 세계의 경제를 보면 우리는 상품을 만들거나 서비스를 제공하는 생산자다. 기업에 근무하는 생산자임과 동시에 일이 끝나 집으로 돌아가면 상품을 사고 서비스를 받는 소비자이기도 하다. 야후 옥션이나 메르카리라는 프리마켓 애플리케이션으로 물건을 파는 사람도 때로는 물건을 구매할 것이다. SNS로 정보를 발신하는 사람은 생산자이면서 다른 사람의 발신을 보거나 듣는 소비자이기도 하다.

이처럼 참가자의 속성이 뚜렷이 구분되지 않고 '상황에 따라 역할이 바뀐다'는 것은 곧 '참가자에게 양면성이 생겨난

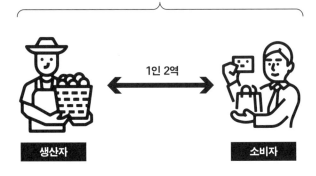

1인 2역

생산자

소비자

다'는 것을 의미한다. 다시 말해 한 참가자가 복수의 역할을 하게 되는 것이다. 이 결과 생태계 내에서 앞서 예로 든 세 종류의 가치 교환이 더욱 활발해져서 생태계가 점점 더 활력을 띄게 된다.

———

생태계의 시작은 '생산자'

예외는 있지만, 대부분의 생태계의 시작은 '생산자'에게서 비롯된다. 생태계에 교환할 가치가 존재하지 않는다면, 생태계는 성립하지 않기 때문이다. **따라서 가치를 산출하는 생산자가 생태계에 참가할지 여부가 메타버스 같은 새로운 생태**

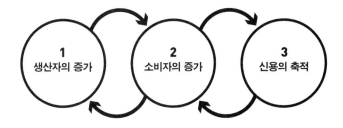

계를 만들 때 첫 관건이다.

자연계에서는 광합성으로 에너지를 만들어내는 식물(생산
자)이 먼저 탄생했고, 아주 나중이 되어서야 에너지를 소비
하는 동물(소비자)이 탄생했다.

아무도 글을 올리지 않는 SNS에 참가하고 싶어 하는 사람
은 없다. 출점한 기업이 별로 없는 쇼핑몰에는 아무도 가지
않을 것이다. **우선 가치를 만들어내는 생산자가 참가해야 그
들이 만드는 가치에 이끌려 소비자가 모인다.** 메타버스에 생
태계를 구축할 때도 이 순서를 따라야 한다.

'닭이 먼저냐 달걀이 먼저냐?'의 문제

생산자를 먼저 모으는 것이 좋다는 걸 머리로는 알고 있지만

스스로 생산자가 되어 소비자를 모은다	양쪽을 겸하는 존재를 불러들인다
생산자에게 매력적인 도구를 나눠준다	다른 생태계에 '무임승차'한다

그렇게 간단한 문제는 아니다. 왜냐하면 **가치를 만드는 생산자는 그 사람의 가치를 소비해주는 소비자가 없으면 커뮤니티에 참가하지 않기 때문**이다.

새로운 SNS를 만든 뒤, 유명 인플루언서에게 '꼭 들러주세요'라고 부탁한다고 해보자. 부탁받은 인플루언서의 입장에서 보면 사람이 거의 없는 SNS에 참가해봐야 이점이 없다. 상당한 대가를 받지 않는 한 인플루언서는 생산자로서 그 SNS에 참가해 가치 있는 정보를 투고하지 않을 것이다.

이 문제는 '닭이 먼저냐 달걀이 먼저냐?'라는 유명한 딜레마다. **가치를 공급하는 생산자가 없는 한 소비자는 참가하지 않는다. 동시에 소비자가 없는 한 생산자 역시 참가할 생각이 없다는 것이다.**

이 문제의 해결이 어렵기 때문에 새로운 생태계를 만드는 일은 난이도가 높다. 그러므로 '세계를 만드는 것은 신뿐이다. 신이 없다면 세계는 이따금 생겨난 우연의 산물에 지나지 않는다'고 생각하는 것이다.

완전한 해결법은 없지만 과거 많은 사례에서 몇 가지 돌파구가 보였다. 대표적인 방법 네 가지를 들어보겠다.

● **스스로 생산자가 되어 소비자를 불러들인다**

가장 간단한 방법은 생태계를 만드는 본인 스스로 생산자가 되어 가치를 제공하고 소비자를 모으는 것이다. 이어서 다른 생산자에게 그 환경을 개방하는 식으로 접근하는 것이 좋다.

많은 사람이 자주 이용하는 아마존이 전형적인 예다. 아마존은 스스로 상품의 판매자로서 창고를 빌려 소비자에게 상품을 판매해 막대한 고객 기반을 구축했다. 이어 다른 소매점이 아마존에 출점해 자유롭게 상품을 판매할 수 있도록 시스템을 바꿨다.

일본 기업 중에서 아마존의 방식에 가장 가까운 것이 닌텐도다. 닌텐도는 자사에서 패미컴이나 게임보이 등의 게임기를 만들고, 직접 〈슈퍼 마리오 브라더스〉나 〈테트리스〉 등의 소프트웨어를 개발해 소비자에게 제공했다. 이어서 막대한 고객 기반을 미끼로 삼아 소프트웨어를 개발해줄 외국 게임 회사(생산자)를 모집하는 전략으로 전환했다. 이렇게 해서 닌텐도는 전 세계에 거대한 '게임 생태계'를 만들어냈다.

이 방법의 이점은 첫째, 손쉽게 시작할 수 있고, 둘째, 스스로 생산자로서 가치를 제공하기 때문에 소비자의 수요를 숙지하고 자사의 노하우를 다른 생산자와 공유할 수 있다는 점이다.

물론 결점도 있다. 누구나 아마존처럼 막대한 적자를 견디며 장래를 내다보고 사업을 계속할 수 있는 것은 아니다. 닌텐도처럼 크게 히트하는 게임을 만들 수 있는 기업도 극히 적다. 이처럼 생산자로서 자신의 능력을 시험하는 장애물이 아주 높다는 점은 어려운 지점이다.

● **생산자와 소비자 양쪽을 겸하는 존재를 찾는다**

생산자와 소비자는 속성이 다른 두 종류의 존재다. 양자를 동시에 불러들여야 한다는 점도 생태계를 만드는 데 따르는 애로 사항이다.

그렇다면 '생산자이면서 소비자이기도 한' 참가자를 맨 먼저 끌어들이는 것은 어떨까? 이것은 쌍방향성이 중요한 인터넷 서비스에서 자주 사용하는 방법이다. 소셜 미디어나 마켓플레이스를 구축할 때 양쪽을 겸하는 참가자를 가입시키는 것이 확실한 방법으로서 중시되고 있다.

대부분의 소셜 미디어에서 게시자는 열람자를 겸한다. 프리마켓 애플리케이션에서도 판매자가 때로는 구매자가 되기도 한다. **가치를 공급하는 생산자이면서 소비자이기도 한 참가자가 초기에 참가하면 소수라도 활발한 생태계가 성립한다.**

일단 생태계가 성립하면 생산자 역할밖에 하지 못하는 사람이나 소비자 역할밖에 하지 못하는 사람이 나중에 참가해도 쌍방의 수요에 응할 수 있다.

다만 장르에 따라서는 이 수법이 잘 적용되지 않을 수도 있다. 예컨대 생산자 측에 고도의 전문성이나 자격이 요구되는 경우다. 의사와 이용자를 매칭하는 서비스에서 소비자인 이용자가 생산자인 의사 역할을 하는 일은 절대 불가능하다. 소비자와 생산자의 속성이 너무 다른 경우 두 번째 방법은 실패로 끝날 것이다.

●   **생산자에게 매력적인 정보나 도구를 먼저 제공한다**

이는 어떤 의미에서 첫 번째 방법과는 정반대되는 접근이다. 가치를 만들어주는 생산자가 바라는 정보나 도구를 무상으로 나눠줌으로써 단숨에 생산자를 모은다. **생산자가 직접 하기 귀찮아 하는 것이나 있으면 좋겠다고 생각하는 도구, 갖고 싶어 하는 정보를 무상으로 나눠주는 것이다.**

가장 유명한 예가 인스타그램일 것이다. 인스타그램은 세계 최대의 SNS로 성장했다. 초기에 인스타그램은 사진에 필터를 걸 수 있는 사진 가공 애플리케이션이었다. 그런데 '사진을 예쁘게 보여주고 싶어 하는' 사람(생산자)이 모두 인스타그램을 쓰기 시작하고, 그들이 가공한 사진을 다른 사람(소비자)이 보게 함으로써 인스타그램은 단순한 사진 가공 애플리케이션에서 SNS로 발전했다.

예전부터 포토샵 등의 유상 소프트웨어를 사용하면 사진 가공은 얼마든지 가능했다. 다만 소프트웨어의 가격이 비쌌고, 디지털카메라나 PC를 준비하는 번거로움이 있었다. 스마트폰 한 대만으로 사진을 촬영하고 손쉽게 가공해 인터넷에 업로드하고 싶어 하는 사람들에게 무상으로 도구를 제공한 것이 인스타그램의 시작이다.

● **다른 생태계에 '무임승차'한다**

다소 교활하긴 한데, 이미 존재하는 거대한 생태계에 올라타는 방법도 있다. **다른 생태계에 편승해 그 생태계가 가진 이점을 같이 누리는 것이다.** '곁집 잔치에 낯을 내는' 작전으로, 전략적으로 접근해야 효과적이다.

숙박 공유서비스 에어비엔비는 지역 게시판인 크레이그스리스트Craigslist를 그로스해킹해 누군가에게 집을 빌려주고 싶어 하는 고객에게 도달하는 지름길을 찾아냈다. 이것이 에어비엔비가 일찌감치 성공한 요인이었다.

또한 예전의 구글은 월드와이드웹에 크롤러(웹사이트를 순회하며 정보를 수집하는 로봇 프로그램)를 돌아다니게 해 정보를 수집하고 검색 결과를 표시했다. 저작권이 법적으로 막연했기 때문에 이런 방식이 가능했지만, 이 탓에 구글은 초기에 많은 소송을 떠안았다. 저작권에 민감한 일본에서는 '구글의 방식은 바람직하지 않다'라는 인식이 강해 기업들이 이 분야에 본격적으로 투자하지 않았다.

이 방법의 약점은 다른 생태계에 의존한다는 점이다. 그 생태계에서 출입 금지를 당하거나 쫓겨나면 어쩔 도리가 없다. 거친 수법이기 때문에 이 방법을 사용할 수 있는 상황은 제한적이다.

———

생태계 설계자의 일

가령 생산자와 소비자가 모였다고 해도 그것만으로는 생태계가 생성되지 않는다. 두 종류의 참가자가 자발적으로 가치를 교환하는 구조가 없으면 생태계는 자연히 소멸하고 만다.

생산자와 소비자의 매칭	신용 정보의 가시화
규칙과 벌칙의 책정	자조 노력을 촉구하는 구조

생태계를 디자인하는 창조자는 순조롭게 가치 교환이 이루어질 수 있도록 다음과 같은 기능을 준비해야 한다.

●   **매칭 지원**

당연하지만 생산자에게 가치를 공급하게 하고 그 가치가 소비자에게 적절히 도달하도록 매칭을 촉구하는 구조가 필요하다. 또한 제공하는 가치의 종류가 늘어났을 때 소비자가 기호에 맞는 것을 찾기 쉽도록 해야 한다(검색 기능의 향상). 생태계에는 소비자의 기호에 어울리는 생산자나 가치를 추천해주는 시스템(추천 기능의 설치)이 필요하다.

아마존은 소비자의 과거 구매 행동을 통해 '차후 구매할 것 같은 상품'을 추천해준다. 이 기능 덕분에 소비자가 상품을 찾는 수고가 줄어들고 가치 교환의 빈도가 늘어난다.

●   **신용의 가시화**

이는 모든 생태계에 해당하는데, **생태계에는 반드시 '참가자의 신용이 실제로 드러나는 시스템'이 있어야 한다. 생태계에는 수시로 새로운 참가자가 들어오기 때문에 교환하는 상대가 정말 신용할 수 있는 사람인지 확신할 수 없으면 두려워서 아무도 움직이지 않는다.**

참가자가 악질적인 사기꾼이라거나 악의를 가진 인물일 가능성도 있다. 그 때문에 참가자가 생태계 안에서의 행동을 서로 평가하는 구조를 도입해야 한다. 신용을 실제로 드러내기 위한 지표를 정하고 그 지표를 전원이 볼 수 있는 구조를 만드는 것이다(평가 제도의 도입).

실제로 우리는 인터넷에서 물건을 살 때 판매자에 대한 평가나 상품평을 보며 판단하는 게 아닐까 한다. SNS의 투고를 읽을 때도 그 사람의 팔로워 수를 보며 '이 계정은 가짜 계정이 아닌 것 같군', '신용할 수 있는 의견의 소유자인 같아' 하고 신빙성을 판단한다. 현실 사회에서도 음식점에 붙은 미슐랭의 별 수, 호텔이 별 세 개인지 네 개인지 등의 지표로 우리는 다양한 의사결정을 하는 게 아닐까 싶다.

이런 신용 정보가 축적되어감으로써 새로운 참가자는 다

양한 판단을 하기가 쉬워진다. 그러면 의사결정의 비용도 점점 내려가 생태계 내에서의 가치 교환이 활성화된다. 만약 나쁜 평가를 받으면 그 사람은 생태계 안에서 활동하기 힘들어진다. 평가나 평판 정보의 가시화는 악의적인 행동을 억제하는 힘이 되어 생태계의 질서를 유지한다.

●   **위반자에 대한 벌칙**

약속을 지키지 않거나 다른 참가자에게 해를 가하는 참가자를 상대로 어떻게 대처해야 할까? 이것도 생태계를 만드는 사람이 생각해야 하는 일이다. **'악화가 양화를 구축한다'는 말은 진실이다. 타인에게 해를 가하는 참가자를 방치하면 선량한 참가자일수록 그 생태계에서 사라지게 된다.**

음식이 맛있어도 질이 좋지 않은 손님이 큰 소리로 떠들고 있는 가게는 '고객층이 좋지 않고 치안이 나쁘다'고 느껴 두 번 다시 가지 않게 된다. 대부분 경험했겠지만, 회사나 동아리에서도 다른 사람에게 폐를 끼치는 구성원이 책망받지 않으면 능력이 좋은 구성원부터 서둘러 그만둔다.

생태계를 만들 때는 명확한 규칙을 정하고 그 규칙을 전원이 준수하는 흐름을 만들어야 한다. 참가자끼리 서로를 신뢰하는 분위기에서만 불필요한 신경을 쓰지 않고 안심하며 생태계의 일원이 될 수 있다.

국가라면 법률, 학교라면 교칙처럼 모든 커뮤니티에는 반드시 규칙이 존재한다. 규칙을 지키지 않는 참가자에게는 벌칙이 부과되고, 경우에 따라서는 생태계 밖으로 내보내야 할 경우도 생긴다. 이런 규칙을 철저히 주지시키면 생태계의 질서를 안전하게 유지할 수 있다.

● **자조 노력을 가능하게 하기 위한 식견과 도구의 제공**

생태계의 강점은 참가자가 자발적으로 노력함으로써 전체의 기세가 올라간다는 점이다. 그렇게 하기 위해서는 욕심이 많아 향상심이 있는 생산자일수록 더욱 쉽게 성과를 낼 수 있게 환경을 정비해야 한다.

생태계에는 다양한 동기를 가진 참가자가 들어온다. '지금 이대로도 괜찮다'라는 사람도 있고 '능력을 좀 더 키워 많은 기회를 잡고 싶다'라며 향상심에 불타는 사람도 있을 것이다.

야심과 향상심을 가진 생산자에게는 지식과 노하우를 공급하는 프로그램을 제공하고 그 도구도 무료로 제공한다. 깊고 넓게 지지하며 등을 밀어주고 그들의 활동을 후방에서 적극 지원해야 한다.

가장 알기 쉬운 것이 근대국가의 교육 시스템이다. 국가는 국민에게 의무교육을 실시하고 전문 영역마다 대학을 만들어 국민의 능력을 향상시키도록 촉구해왔다.

기업도 마찬가지로 장래의 간부 후보가 될 젊은 사원에게는 특별한 연수 프로그램을 준비한다. 회사 비용으로 해외 대학에 유학을 보내 MBA(경영학 석사학위)를 취득하게 하는 등, 직원의 생산성을 점점 높여서 회사에 공헌하게 하는 것이다.

생태계를 하나의 생명으로 파악한다

생산자와 소비자가 모여 신용이 가시화되고, 가치의 교환이 원활하게 이루어져, 참가자가 자발적으로 행동해 생태계 전

| 생태계 ≒ 생명으로 파악한다 |

대사 구조	상호작용성
항상성	자기조직화
홀로닉 · 프랙털	성장과 진화

체의 기세가 올라가면, 그 후에도 계속해서 생태계가 잘 돌아가는지 똑바로 관찰해야 한다.

지금까지 이 책을 읽어온 독자라면 이미 감이 왔을지도 모르겠다. **생태계를 하나의 생명으로 비유하면 확 와닿을 것이다.** 먼지나 돌 같은 무생물과 동식물 같은 복잡한 생물 사이에는 구조의 차이가 매우 크다. 단지 개인이 모인 집단과 제대로 돌아가기 시작한 생태계 사이에도 같은 정도의 격차가 있을 것이다. 생명에는 다음과 같은 특징이 있다고 한다.

● **대사 구조(가치를 순환시키는 것)**

에너지를 거둬들여 순환시키는 구조다. 생태계에서는 가치를 교환해 순환시키는 구조를 가리킨다.

● **상호작용성(참가자끼리 교류하는 것)**

세포끼리 서로 작용하는 유기적 네트워크다. 생태계에서는 참가자끼리 가치를 교환하거나 소통을 하는 행위가 여기에 해당한다.

● **항상성(누군가가 빠져도 전체가 변하지 않는 것)**

대사를 되풀이해 세포가 교체되어도 동일성을 유지하는 속성이다. 새로운 사람이 참가하거나 기존 참가자가 빠져도 생태계가 변함없이 계속 기능하는 모습을 가리킨다.

● **자기조직화(규칙이나 문화가 멋대로 만들어지는 것)**

정보량의 증가에 수반해 질서가 저절로 형성되는 현상이다. 생태계의 참가자가 늘어남에 따라 자연스럽게 역할 분담이 이루어지고 규칙도 자연발생적으로 형성된다.

● **홀로닉·프랙털(작은 집단이 모여 큰 집단을 만드는 것)**

'홀로닉holonic'이란 '개체와 전체가 유기적인 조화로 향하는 모습'이라는 뜻이며, '프랙털fractal'이란 '개체를 분해한 후, 분해 후의 부품이 원래 개체와 같은 형태를 하고 있는 걸' 뜻한다.

러시아의 명물인 마트료시카 인형은, 인형을 꺼내도 같은 모양을 한 인형이 계속 나온다. 작은 부분이 더 큰 부위를 구성하고 있는 것이다. 회사 조직에서도 많은 과課가 모여 부部를 이루고 여러 부가 모여 회사 전체를 형성한다. 규모를 바꿔도 같은 구조가 영원히 계속된다. 메타버스 생태계는 작은 그룹이 많이 모여 큰 그룹이 형성되는 마트료시카 인형 같은 구조가 최고다.

● 성장과 진화(환경에 적응하며 복잡해지는 것)

대사를 되풀이해 성장하고 환경에 적응하며 변화해가는 것으로, 가치의 교환이 되풀이되는 동안 생태계는 성숙해지고 외부 환경에 맞춰 변화해간다.

①~⑥의 특징을 가진 생명의 구조를 '산일 구조dissipative structure**'라고 한다. 방대한 참가자에 의해 만들어지는 생태계도 하나의 생명과 같은 특징을 갖는다고 생각하면 된다.**

생태계를 만드는 일은 한 아이를 키워 독립시키는 과정과 그 행위에 가깝다. 한 번 만들면 끝나는 것이 아니라 제대로 성장하는지 그 상태를 충실하게 관찰하고, 필요하면 정기적으로 지원해주어야 한다. 아이의 성장을 바라보는 부모의 관점으로 생태계 전체를 반영구적으로 주의 깊게 계속 보살펴야 한다.

———

생태계를 더욱 강고하게 하려면

생태계를 항상 관찰하고 개선을 거듭하여 더욱 강고한 것으로 만들기 위해서는 아래의 포인트를 강화하거나 보완해야 한다.

| 생태계를 강고히 하는 요소 |

가치의 중첩	커뮤니케이션의 촉진
위계의 존재	유동성 확보
불확실성의 담보	

● **가치의 중첩**

앞에서 실용적 가치, 감정적 가치, 사회적 가치, 이 세 가지로 가치를 분류해 설명했다. 실제는 참가자에 따라 느끼는 것이 모호해 두 가지 또는 세 가지 가치를 하나가 겸하는 경우가 있다. 당연하게도 다양한 가치를 교환할 수 있는 생태계가 더 강고하고 견고하다. 생태계의 성숙도에 따라서는 다루는 가치가 바뀌는 일도 있다.

처음에는 돈을 벌 수 있다는 이유로 일을 하고 있었는데 어느새 사람들로부터 감사받는 것이 일의 동기로 변하는 일도 있을 것이다. 사람들과의 교류가 즐겁다는 것이 일을 하고 싶은 동기가 되는 경우도 있다.

● 커뮤니케이션의 촉진

당연한 일이지만 참가자 사이의 소통이 활발할수록 생태계는 강고해지고 지속성도 높아진다. 곤란한 일이 생기면 참가자끼리 서로 돕고, 모르는 것이 있으면 서로 질문할 수 있다. 이런 관계성이 있으면 문제가 있어도 본인들의 힘으로 대처해나갈 수 있다.

생태계의 설계자는 참가자끼리 소통할 수 있는 장을 만들고 소통의 빈도를 늘릴 궁리를 해야 한다. 그럼으로써 생태계의 성숙을 촉구할 수 있다. 일정한 규모 이상의 회사에서는 직원 여행이나 총회, 종무식 같은 행사가 반드시 존재하며, 옛날 마을에서도 마을 사람 전원이 모이는 축제나 의식이 반드시 열렸다.

● 위계의 존재

위계는 '계층'이나 '서열'이라는 의미다. 일반적으로는 부정적인 이미지가 있는 단어이지만 위계가 존재함으로써 참가자끼리 소통을 하기가 쉬워지고 관계성을 구축하기도 쉬워진다.

회사 조직이나 가정, 주민자치회와 같은 지역 커뮤니티의 경우에도 각각의 세계에는 반드시 위계를 가시화한 지표가 존재하는 법이다. '사장', '부장', '주민자치회장', '가장'이라는 지표를 축으로 피라미드처럼 참가자 사이의 관계성이 구축된다.

현실 세계나 SNS를 주의 깊게 관찰하면 알 수 있는 것처럼, 수험생은 등급을 축으로 관계성이 성립한다. 투자자는 운용하는 자산액, 경영자는 회사 규모, 유튜버는 구독자 수, 이처럼 **각각의 업계는 특정한 지표가 축이 되어 위계가 생기고 그 위계를 실마리로 관계성이 생겨난다.**

인간이란 자연스럽게 위계를 만드는 동물이다. **위계가 없으면 인간은 자신과 타인이 선 위치를 짐작할 수 없다. '위계는 사회를 왜곡한다'고 여겨 멀리하면 오히려 서로의 관계성을 구축하는 비용이 늘어난다.**

●   **유동성 확보(고정화 방지)**

생태계 내에서는 가치의 교환이 빈번히 이루어지고 소통이 활발하게 이루어지며 평가가 단기간에 갱신되는 '유동성'을 확보해야 한다. 유동성이 높을수록 생태계는 활성화되고 유동성이 낮을수록 정체되기 때문이다.

예컨대 **일단 우위에 선 사람의 지위가 언제까지고 고정된다면 그 생태계는 새롭게 들어오는 참가자에게는 아무런 매력이 없다. 예전부터 존재하는 참가자는 우위성에 안주해 노력을 게을리할 것이고, 새 참가자는 들어오지 않게 될 것이**

다. 그러면 생태계 전체가 점점 쇠퇴하게 된다.

생태계의 설계자는 생태계 내의 온갖 유동성이 잘 작동하고 있는지 관찰해야 한다. 유동성 방해 요인이 발견되었을 때는 그 요인을 분석해 빨리 대처해야 한다.

● **불확실성의 담보**

불확실성은 생물의 본능에 깃드는 성질이다. 불확실한 환경에 놓이면 생물의 집중력은 더 늘어나고 활동도 더 활발해진다. 인간이 자연계의 한복판에 살았던 시대에는 천재지변이 일어나거나 다른 동물의 습격을 받는 위협에 항상 노출되어 있었다. 그렇다 보니 인간은 항상 환경에 적응해 살아남을 확률을 높이려 노력해왔다. 그것과 마찬가지로 생태계의 외부 환경이나 내부 환경의 변화가 심하면 생태계 전체가 활성화된다.

아무 변화도 없는 환경에 있는 생물은 진화를 그만두는 법이다. 그러면 생태계는 서서히 쇠락한다. 이벤트를 빈번하게 해서 평소에 볼 수 없는 정보를 접할 기회를 자주 만들고, 멀리 떨어져 있는 다른 참가자와 우발적으로 접촉할 수 있도록 한다. 참가자에게 불확실한 일이 일정 확률로 일어나도록 구조를 짜는 것이다.

참가자를 끌어당기는 장치

참가자 개인을 생태계로 끌어들이는 사소한 기술도 존재한다. **생물의 본능이나 뇌 구조에 근간을 둔 이런 장치는 세상에서 크게 인기를 얻고 있는 서비스나 게임 커뮤니티에 이미 포함되어 있다.**

●   **랜덤 피드백**

사람의 뇌는 자신의 행동에 대한 피드백(반응)이 제각기 다를 때 보상감을 느낀다. 사람이 게임을 재미있다고 느끼는 이유 중 하나다. 일찍이 자연계라는 불확실성의 한복판에 살면서 형성된 성질이다. 또 **사람은 자신의 행동에 대한 반응이 일**

| 참가자 개인을 끌어들이는 장치 |

랜덤 피드백	달성 가능한 목표의 설정
난이도의 단계적 상승	사회적 상호작용의 가시화
진보하고 있다는 실감의 제공	

정하지 않을 때 그것에 의식을 집중하곤 한다.

게임에는 대부분 랜덤 피드백의 요소가 들어 있다. 파친코나 경마, 카지노 같은 도박이 전형적이다. 예측 불가능한 결함이 발생하는 게임에 인간의 뇌는 본능적으로 몰두하게 된다. 다만 보상계$^{reward\ system}$의 자극은 중독성이 강하기 때문에 그 악용에는 주의해야 한다. 참고로 사람은 서너 번에 한 번쯤의 확률로 성과가 나오는 것에 가장 빠져들기 쉽다.

●   **달성 가능한 목표의 설정**

사람에게는 달성 가능한 목표가 설정되면 그 목표에 도전하고자 하는 습성이 있다. 목표를 세분화해서 그것이 표면적으로 드러나도록 하면 목표 달성에 대한 지속성이 높아지고 노력하기도 쉬워진다. 다이어트나 운동도 처음부터 너무 높은 목표를 세우기보다 조금 노력하면 달성할 수 있을 법한 목표를 제시해야 더 오래 지속할 수 있는 법이다.

●   **난이도의 단계적 상승**

사람에게는 눈앞의 작업 난이도가 서서히 올라가면 열중해서 집착하는 성질이 있다. 게임도 첫 스테이지는 아주 간단하지만 스테이지를 클리어할 때마다 점점 어려워진다. 그러면 우리는 재미를 느끼고 장시간 동안 게임을 계속하게 된다.

| 세계 구축 매뉴얼 |

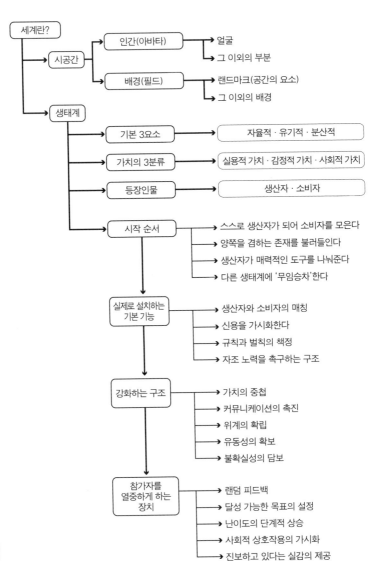

세계란?
- 시공간
  - 인간(아바타)
    - 얼굴
    - 그 이외의 부분
  - 배경(필드)
    - 랜드마크(공간의 요소)
    - 그 이외의 배경
- 생태계
  - 기본 3요소 → 자율적 · 유기적 · 분산적
  - 가치의 3분류 → 실용적 가치 · 감정적 가치 · 사회적 가치
  - 등장인물 → 생산자 · 소비자
  - 시작 순서
    - 스스로 생산자가 되어 소비자를 모은다
    - 양쪽을 겸하는 존재를 불러들인다
    - 생산자가 매력적인 도구를 나눠준다
    - 다른 생태계에 '무임승차'한다
  - 실제로 설치하는 기본 기능
    - 생산자와 소비자의 매칭
    - 신용을 가시화한다
    - 규칙과 벌칙의 책정
    - 자조 노력을 촉구하는 구조
  - 강화하는 구조
    - 가치의 중첩
    - 커뮤니케이션의 촉진
    - 위계의 확립
    - 유동성의 확보
    - 불확실성의 담보
  - 참가자를 열중하게 하는 장치
    - 랜덤 피드백
    - 달성 가능한 목표의 설정
    - 난이도의 단계적 상승
    - 사회적 상호작용의 가시화
    - 진보하고 있다는 실감의 제공

사회적 상호작용의 가시화

사람은 사회적 동물이므로 자신이 주위에 어떻게 보이는지를 무시할 수 없다. 그 때문에 단순히 '다른 사람이 보고 있다'는 상태가 실제로 드러나는 것만으로도 마음이 쓰인다. SNS에서도 방문자 수나 '좋아요' 수가 드러나 있으니 더 궁금해서 보러 가는 게 아닐까 싶다. 학교에서 시험 성적을 복도에 붙이기만 해도 학생의 학업 동기는 크게 변한다.

'지금 누군가 나를 보고 있다'는 상태가 공개되면 의식은 그곳에서 좀처럼 멀어지지 않는다. 이런 사람의 습성은 생활의 다양한 상황에서 등장한다.

진보하고 있다는 실감의 제공

내 생각이 서서히 나아지고 있음을 실감하는 것은 행동을 지속하는 데 굉장히 중요하다. **작은 성공 체험을 쌓아가는 것은 자신감으로 연결되며, 그 축적이 즐거워서 활동을 지속하게 된다.** 음식점의 회원용 스탬프 카드, 라디오 체조의 스탬프 카드, 실seal을 많이 모으면 접시를 받을 수 있는 '야마자키-봄 빵 축제', 소셜 게임의 로그인 보너스 등 도처에서 사용되는 중이다.

지금까지 말한 다섯 종류의 테크닉은 요즘 식으로 말하자면 게이미피케이션(gamification, 게임화)으로 분류된다. 게임 크리에이터가 설계하는 기법을 다른 장소에 적용하는 마케팅 수법을 말한다. 포인트를 모으는 애플리케이션이나 카드를 만들거나 아이템을 많이 준비해서 모두가 경쟁적으로 모으도록 하는 것이다. 게임 요소가 적절히 준비되어 있을수록 그 커뮤니티는 분위기가 고조된다.

세계의 보편적인 진리와 인간 본능을 자극하는 이런 장치가 뒤섞여 지속 가능한 생태계가 만들어질 것이다. 지금까지 언급한 것은 메타버스에 한정되지 않는 '생태계로서의 세계'를 움직이는 보편적 구조다. 메타버스의 생태계란 곧 우리가 사는 현실 사회의 거울이다.

———

생태계가 유기적으로 진화하는 순간

지금까지 말한 생태계의 근간에 따라 지엽적 기법을 구사해 새로운 세계를 만들었다고 가정해보자. 그러면 언제부터 생태계는 제대로 돌아가기 시작할까?

물이 얼음으로 변하는 것처럼 어떤 시스템이 전혀 다른 시스템으로 변하는 현상을 '상전이相轉移'라고 한다. 생태계에서

도 상전이가 일어나는 일이 있다. 일반적으로 대부분의 일은 하루하루 문제점을 추출해 개선해나가면 결과는 그와 비례해 따라온다. 그러나 생태계 구축에는 이 방정식이 들어맞지 않는다. 생태계에 필요한 대부분의 요소가 갖춰져 있지 않는 한, 하루하루 작은 개선을 해도 노력에 비례한 성과는 나오지 않는다.

한편 어떤 시기에 필요 충분한 요건이 완비되어 일단 생태계가 제대로 돌아가기 시작하면 무기질이었던 존재가 갑자기 유기적 생명으로 변한 것처럼 단숨에 다른 것으로 변화한다. 생태계가 돌아가면 참가자 사이에 자발적인 교환이 가속화하는 법이다. 그때부터 생태계는 자율성을 갖는다. 지금까지 뭘 해도 전혀 반응하지 않던 사람들이 자유자재로 돌아다니며 소통을 시작하는 것이다.

| 유기적인 생태계로의 진화 |

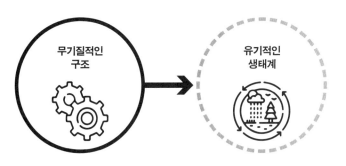

무기질적인 구조

유기적인 생태계

조직 관리나 온라인 커뮤니티를 주재한 적이 있는 사람은
그런 기억이 있을지도 모르겠다. 게다가 **생태계가 성숙해지
면 설계자의 일은 서서히 사라진다.** 최종적으로는 설계자에
게서 완전히 떨어져 나와 생태계는 혼자 걸어가기 시작한다.
마치 밤에 심하게 울어서 힘들게 하던 아이가 성장해 고등학
교를 졸업하고 집을 떠나 혼자 생활하는 것과 같다.

생태계가 자율성, 유기성, 분산성을 띠면 참가자가 다음
참가자를 불러들여서 지수 함수적으로 성장한다. 또한 참가
자 사이의 가치 교환이 늘어날수록 신용 정보도 축적된다.
그러면 참가자 사이의 교환에 드는 비용이 점점 내려간다.

**생산자가 있으니 소비자가 모이고 소비자가 있으니 생산
자도 모이게 되어, '닭이 먼저냐? 달걀이 먼저냐?' 하는 딜
레마와는 정반대의 선순환이 일어나는 것이다.** 결국 거기에
참가하는 사람의 수와 정보의 축적이 그대로 생태계의 가치
가 된다. 이를 '네트워크 효과'라고 하는데, 이 효과가 발생
한 생태계는 강력한 안정성과 관성을 발휘하게 된다.

생태계 디자인에서 중요한 것

이 장에서는 생태계의 기본 구조와 만드는 방법을 정리했다. **그러나 실제로 생태계를 구축하는 일은 쉽지 않다.** 아무리 지식이 풍부한 사람이라도 세상 사람들이 느끼는 불만이나 수요를 제대로 파악하지 못하면 소비자의 요구를 오인하게 된다. 시대와 타이밍이 딱 맞물리는 것도 중요한 요소다.

가장 중요한 것은 무엇일까? 그것은 지금보다 나은 세상을 만들려는 인간의 의지다. 감상적인 정신론처럼 들릴지도 모르겠지만, 의지력만으로는 생태계를 만들 수 없다고 앞에서도 말했다. 반대로 강한 의지 없이 생태계를 만들 수 없는 것 또한 사실이다. 내가 이렇게 말하는 것은 생태계가 안고 있는 구조적 문제 때문이다.

| 생태계로 서서히 진화 |

개인의 의지 → 모집단을 형성 → 생태계로 진화

앞에서 말한 대로 설계자가 개선을 거듭해도 생태계는 직선적으로 성장하지 않는다. 모든 요소가 딱 맞물린 타이밍에 지수 함수적 성장을 시작한다. **그러므로 아무런 성과의 징조도 보이지 않는 날들이 이어져도 개발자는 줄기차게 개선을 계속해야 한다.** 그때가 언제 올지는 누구도 예측할 수 없다. 그 시기가 영원히 오지 않을 수도 있다.

경제적 합리성만을 생각한다면 메타버스에 대한 투자는 수지가 맞지 않는 도박일지도 모른다. 메타버스 구축을 계속하기 위해서는 **몇 년이 걸리더라도 이 생태계를 완성시키고자 하는 강렬한 의지가 필요하다. 그리고 이 의지만큼은 그 어디서도 빌려올 수 없다.**

즉, 경제적 합리성을 넘어선 설계자의 '의지'와 그것을 형상화하기 위한 '지식', 그리고 성과가 나오지 않아도 개선을 거듭하는 '인내'가 동시에 필요하다. 새로운 생태계를 만드는 일은 신의 영역에 한 발짝 다가가는 일이니 쉬울 리가 없다.

세계를 만드는 일이 미래의 일이 된다

여기까지 읽으면 세계를 만든다는 것은 평범한 역량을 가진 사람의 일반적 업무가 될 수 없다고 생각할지도 모른다. 그러나 나는 그렇게 생각하지 않는다.

최근 100년은 논리적 사고력이 가장 높이 평가된 시대였다. 우연처럼 보이는 현상을 기술의 힘을 빌려 논리화해서 누구든 이해할 수 있게 했다. 각 분야의 전문가나 연구자는 모든 장면에서 이런 노력을 거듭해왔다.

경영, 금융, 조직, 인사, 영업 같은 직종의 현장에서는 논리적으로 생각해 정리하고 예측하고 행동하는 것이 필요하다. 그런 분야에서는 논리를 자기편으로 삼은 사람들이 큰 힘을 얻어왔다. 그러나 모든 산업에 당연한 일처럼 논리적 사고력이 요구된 결과, 그것만으로는 가치를 발휘하기 힘든 시대가 되었다.

현대를 두고 Volatility(불안정성)·Uncertainty(불확실성)·Complexity(복잡성)·Ambiguity(불명확성)의 머리글자를 따 'VUCA(뷰카)의 시대'라고 한다. 이 흐름은 엔트로피처럼 불가역적이다. 글로벌화와 기술의 발전이 속도를 더할수록 뷰카의 경향은 강해진다.

다만 **뷰카의 경향이 강해질수록 생태계는 위력을 발휘할 것이다. 왜냐하면 생태계란 앞에서 말한 대로 복잡하고 불안정하며 불확실한 환경에서야말로 그 힘을 발휘하기 때문이다.** 외부 환경이나 내부 환경이 심하게 변해도 유연하게 적응하고 동일성과 항상성을 유지할 수 있는 것이 생태계다. **비유하자면 생태계란 '모든 것이 흘러가는 탁류 속에서 흘러가지 않고 기세 좋게 계속 도는 물레방아 같은 존재'라고 할 수 있을 것이다.**

앞으로 글로벌화와 기술의 발전이 더욱 속도를 더하면 **사물을 논리적으로 정리하고 개선하는 것만으로는 부족하고, 모든 상황에서 세계와 인간의 보편적 진리를 토대로 생태계를 만들어내는 능력이 필요해질 것이다.**

눈앞의 사건을 객관적인 사실에 기초해 분석한 후 장래를 예측하고, 가장 성공 확률이 높은 행동을 생각해서 실행하는 것, 이것이 논리적 사고력이다. 바꿔 말해 '다양한 사건을 추상화한 후 구체적 행동으로 현실 세계에 피드백하는 행위'라고도 할 수도 있다.

20세기	21세기
논리적으로 사고하고 행동하는 힘	새로운 세계를 창조하는 힘

현대 사회에서 논리적 사고는 기본 스펙이 되었다. 하지만 과거를 산 사람의 입장에서 보면 마법 같은 기술이다. 그러나 인간은 논리적 사고를 당연하듯 다루게 되면 더욱 복잡하고 난이도 높은 힘을 요구하게 된다. 생태계를 만들기 위해서는 현실 세계의 구조를 이해한 후 그 개념을 똑같이 재현해야 한다.

현실 세계의 구조를 통째로 재현하는 생태계 구축력은 현실 세계를 분해하고 그 일부를 개선하는 논리적 사고력의 상위호환 같은 기술이다. 앞으로 생태계를 만드는 힘은 세계를 바꾸고 싶어 하는 특수한 바람을 가진 사람만이 아니라 조직의 리더가 되는 사람에게도 꼭 필요한 소양이 될 것이다.

———

가시적 '공간'으로서 세계

지금까지는 '세계'라는 말을 '생태계로서의 세계'라는 뜻으로 사용했다. 이제 제3장을 맺으면서 '공간으로서의 세계'를 만드는 이야기도 다시 언급하겠다. 제1장이나 제2장에서 다룬 이야기와 다소 중복되는 부분도 있지만 복습한다고 생각하며 계속 읽어주기 바란다.

인터넷의 보급으로 일찍이 사람들의 인식 속에만 있던 '개념으로서의 세계'를 PC나 스마트폰의 2차원 화면 위에 손쉽게 보여줄 수 있게 되었다. 우리는 SNS나 웹사이트를 통해 다양한 종류의 생태계가 만들어졌음을 한눈에 인식할 수 있다.

앞으로는 5G나 6G의 보급으로 현재의 수십 배에서 수백 배까지 통신 속도가 빨라질 것이다. VR이나 3D CG가 보급되면 가상으로 '공간으로서의 세계'를 누구든지 만들어낼 수 있게 된다. 가상 공간에서 현실 세계와 다를 바 없이 생활할 수 있게 되면 '세계를 만든다'는 말은 말 그대로 현실과 똑같은 '생태계'와 '공간'을 만든다는 의미로 진화할 것이다.

———

무수히 퍼지는 다원적 평행 세계

이제 더욱 미래로 사고를 확장해보자. 앞으로는 5G → 6G → 7G순으로 통신 환경이 점차 개선되고, 컴퓨터의 계산 능력도 점점 올라갈 것이다. 그러면 종래에는 구동할 수 없었던 품질의 그래픽을 실시간으로 스트레스 없이 척척 조작할 수 있게 될 것이다.

다음 QR코드를 통해 볼 수 있는 영상은 내가 시범적으로 만들어본 것이다.

 위성에서 취득한 지구 관측 데이터를 가지고 기계학습을 시켜 AI에게 지상의 3D 모델을 자동 생성하게 했다. 영상은 도쿄 도심 모처를 재현하고 있다. 영상 중에 실재 사물은 하나도 포함되어 있지 않다. 모든 것이 AI와 3D CG에 의해 만들어진 가상의 세계이다.

위성에서 취득한 지상의 정지 화상, DEM(Digital Elevation Model, 수치 표고 모델), DSM(Digital Surface Model, 수치 표면 모델)으로 기계학습을 시켜서 지상의 구조물을 자동 검출했다. 알고리즘에 기초해 지상의 3D 모델을 자동 생성한 것이다. 게다가 3D CG 기술을 이용해 돌, 유리, 철, 식물 등의 질감을 자동으로 재현하고, 그것들을 하나의 구조로서 이어 붙였다. 실험 단계여서 아직 정밀도는 낮지만, 이론상으로는 위성에서 관측할 수 있는 범위라면 전 세계의 모든 경관을 자동 생성하는 것도 불가능하지 않다.

이를 바탕으로 다시 AI에 현실 세계의 모든 정보를 학습시켜 가상 공간에 세계를 재구축한다. 그리고 그 세계의 3D 모델을 누구나 사용할 수 있도록 무료로 배포한다. 이것이 지금 내가 그리고 있는 가까운 미래의 비전이다.

이런 기술을 누구나 이용할 수 있게 되면 **지금까지 수십,**

수백 명의 크리에이터와 엔지니어가 모여 몇 달에 걸쳐 만들었던 3D CG의 영상 작품을 개인이 무료로 간단히 만들 수 있게 된다. 그리고 VR 등의 디바이스도 보급되면 마치 SNS 계정을 만드는 것처럼 손쉽게 현실이라고 착각할 만한 품질의 가상 세계를 만들 수 있다. 그곳에 친구를 모아 다양한 일상적 활동을 전개할 수 있다. 영화 〈매트릭스〉나 〈레디 플레이어 원〉의 세계관은 바로 우리 앞까지 다가왔다.

블록체인 기술을 이용하면 가상 공간상의 재산에 희소가치가 생기고, 메타버스에서 자신이 만든 것을 가치(돈)로 변환하는 것이 가능해진다. 어렸을 때부터 유튜브를 보고 〈포트나이트〉를 즐기며 자란 다음 세대는, 유니티 등의 게임 엔진을 이용해 자신이 좋아하는 가상 세계를 만들어 그 속에서 친구와 어울리게 될 것이다. 재능이 있는 아이는 현재의 할리우드 영화 같은 영상을 혼자 뚝딱 만들어내 어른을 깜짝 놀라게 할 것이다.

나를 포함한 지금의 어른 세대들은 인터넷이 없었던 세계, 유일한 세계였던 물리 공간을 서로 뺏고 빼앗기던 시대를 기억한다. 그 때문에 우리 현대인은 뭐든지 두 가지 대립 구조로 생각하는 버릇이 몸에 배어 있다. 파벌로 나뉘어 서로 으르렁거리며 영토를 빼앗고 자신들과 생각이 다른 사람들을 공격해 승부를 내려고 한다. 인류는 유일무이한 '토지'라는 물리 세계에서 수천 년에 걸쳐 쟁탈을 되풀이했다.

그러나 무한하게 펼쳐지는 가상 공간에서 세계를 자유롭게 만들게 되면 세계는 단 하나의 물리 공간이 아니게 된다. 여러 층으로 중첩되어 다원적으로 병존하는 세계가 되는 것이다. 다양성 속에서 각각의 생태계가 서로 과도하게 간섭하지 않는 세계가 펼쳐질 것이다.

이처럼 다양한 세계를 아무렇지 않게 받아들일 수 있는 메타버스 네이티브 세대가 사회의 주류가 되면, 이전까지 백안시되었던 '마이너리티'라고 불리는 사람들의 사회적 지위도 점점 향상될 것이다. 주류와 비주류가 대립할 필요는 전혀 없다. '다른 세계는 병존할 수 있다'는 사고가 당연한 가치관이 되어갈 것이다.

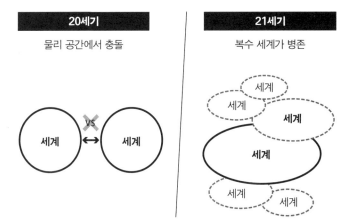

물리학의 우주 가설 중에는 '멀티버스(다원 우주)'라는 개념이 있다. 우리가 사는 물리적 우주는 하나가 아니며 복수의 우주가 평행하게 존재한다는 사고다.

이것과 마찬가지로 **인간의 인식상에 존재하는 세계도 다양한 종류가 평행하게 중첩하면서 무한하게 확장되어갈 것이다. 복수의 '세계'가 평행하게 생겨나서, 개인이 복수의 '인격'을 각각의 세계에 맞춰 가려 사용하는 시대가 올 것이다.** 미래 사회에서는 그런 행동이 일반적이 될지도 모른다. 현재도 사람들은 현실 세계와 SNS의 인격을 구별해 사용하고 있다. 트위터나 인스타그램 등 SNS별로 캐릭터가 달라지는 모습을 볼 수 있다.

'individual'은 부정을 의미하는 'in-'과 분할 가능하다는 뜻의 'dividual'이 합쳐진 단어로 '더는 분할할 수 없는 최소 단위의 존재', 즉 '개인'을 가리킨다. 다만 앞으로는 개인도 복수의 세계에 걸쳐 있을 것이고, 복수의 인격을 구별해 사용하는 것이 당연해질 것이다. 'individual'이라는 단어는 어원과 다른 의미로 사용하게 될 것이다.

기술은 현실 세계를 편리하게 하는 것만으로는 만족하지 않고, 세계 그 자체를 만들어내는 데까지 발전해 사회나 인간이 재정의를 해야 할 만큼 큰 존재가 되었다. 앞으로는 인간의 상상력과 창조력이 무한하게 확장되는 시대로 돌입할 것이다.

인간이 '공간으로서의 세계'를 어떻게 보는가, 무엇을 진짜라고 느끼고 무엇을 가짜라고 느끼는가 하는 것은 생태계를 설계하는 것에 비견할 정도로 흥미로운 주제다. 그리고 매일 깨달음과 발견의 연속이다. '세계를 만들자'는 생각을 하지 않았다면 내가 이 세계를 어떤 식으로 보고 있는지 전혀 돌아보지 않았을 것이다. 내가 알고 싶은 것은 사실 내 인식 안에 있었다. 등잔 밑이 어두웠던 것이다.

생태계와 공간 이 두 가지를 융합해 우리가 사는 물리 세계보다 매력적인 가상 세계를 만들어낼 수 있게 될 때, 과연 어떤 미래가 기다리고 있을까? 거기에 이르는 과정을 나는 전력을 다해 즐기고 싶다.

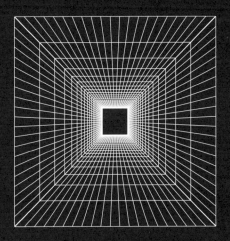

경쟁에서 창조의 세기로

예술 작품은 규칙을 만들지만,
규칙은 예술 작품을 만들지 못한다.

—

클로드 드뷔시

인간은 자유형에 처해진 상태다.

—

장 폴 사르트르

희망의 나라로 엑소더스

제4장에서는 메타버스의 근저에 있는 사상과 철학에 대한 고찰을 심화해보겠다. 1998년부터 2000년까지 월간《문예춘추》에 연재되고 2000년 여름 단행본으로 나온 무라카미 류의 소설『희망의 나라로 엑소더스』는 엄청난 화제를 부르며 베스트셀러가 되었다.

소설에서 그려지는 2001년의 일본은 심각한 경제 불황으로 주가가 대폭락한다. 아프가니스탄 국경 근처에서 싸우는 소년병(요즘 말하는 이슬람국가 IS의 병사)은 CNN 카메라를 향해 끔찍한 말을 내뱉는다. "저 나라에는 아무것도 없다, 이미 죽은 나라다." 여기서 말하는 '저 나라'는 일본이다. 그 소년병은 놀랍게도 이슬람 원리주의에 찬동해 일본에서 파키스

탄으로 건너간 일본인이었다. '이미 죽은 나라다'라는 절망적인 단언이 사회 현상을 일으켜 80만 명이나 되는 중학생이 학교에 가는 것을 보이콧하며 집단으로 등교 거부를 한다.

IT 기술에 뛰어난 '퐁짱'은 중학생이면서도 '아스나로'라는 벤처 기업을 창업해 큰 성공을 거둔다. 수중에 들어온 현금을 밑천으로 그들은 홋카이도 땅을 사들여 독립자치국을 만든다.

소년 소녀는 IT 비즈니스와 풍력발전으로 돈을 벌면서 '엔'과는 별도로 독자적인 통화까지 만들고, 홋카이도에 그들만을 위한 국가를 만든다. 책의 제목에 붙은 '엑소더스 exodus'는 구약성서에 묘사된 이스라엘 사람의 이집트 탈출기인 「출애굽기」를 뜻한다. 소설 속 소년 소녀들은 성서에 묘사된 대탈출을 실제로 실행했다.

메타버스 시대에는 '일본에는 아무것도 없다, 이미 죽은 나라다'라고 자포자기한 젊은이가 굳이 두메산골이나 무인도로 '탈출'할 필요가 없다. 현실 세계의 규칙에 속박되지 않고 메타버스 공간에서 자기 나름의 세계를 만들어내면 되기 때문이다.

지금까지는 정치도 경제도 사회도 구舊 권력과 신흥 세력의 계속되는 싸움 속에 있었다. 낡은 세대와 새로운 세대의 생각이 부딪치며 현실 세계의 토지와 이권을 서로 다퉜다.

이런 싸움에 연연할 수밖에 없는 것은 아마 호리에 다카후미 세대가 마지막일 것이다. 예전에 호리에는 방송국과 프로야구 구단을 매수하려다 수구 세력에게 당하고 말았다.

가상 공간이 생기면 후지 텔레비전이나 NHK나 야구팀 같은 건 매수할 필요가 없다. **파벌 싸움을 하는 구세대 따위는 내버려두고 완전히 다른 세계를 새로 만들면 되는 것이다.**

지금까지 '상식', '관습', '규칙'이라고 여겨온 것들을 모조리 벗어던지고, 제로 베이스에서 그들만의 세계를 만들어, 마음에 들지 않는 기존 세계에서 '탈출'하는 것이다. 진짜 『희망의 나라로 엑소더스』를 실행할 수 있는 것이 메타버스의 묘미이고, 그것을 믿고 있는 사람들의 이상이 메타버스다.

———

인간은 계속 새로운 공간으로 나아간다

현실 세계의 자본주의는 이미 한정된 파이를 서로 빼앗는 제로섬 게임에 지치기 시작했다. 누군가가 승자가 되면 누군가는 패자가 된다. 플러스와 마이너스를 정산하면 합계는 항상 제로다. 인류 사회는 이런 공허한 싸움을 되풀이해왔다. 이제는 국가의 점진적 성장을 영원히 믿으며 노동자가 마차를 끄는 말처럼 필사적으로 계속 일하는 시대는 점차 저물고 있다.

2021년 봄부터 중국의 인터넷에서는 '탕핑족躺平族'이라는 말이 유행했다. '엎드려 누워 있는 사람들'이라는 뜻이다. 이들에게는 쉬지 않고 일을 해서 고급 아파트나 페라리를 사겠다는 욕망이 전혀 없다. 결혼이나 출산에도 관심이 없고 그럭저럭 생활을 유지할 수 있으면 그걸로 족하다. 경제 발전이 두드러진 중국에 이렇게 무기력한 젊은이들이 늘어나고 있다.

인간은 원래 한곳에 정착해 일하는 농경민족이 아니었다. 수렵 시대의 인간은 항상 사람의 발길이 닿지 않은 미개척지를 추구하며 식량을 찾아다녔다. 위험을 감수하며 개척에 뛰어드는 사람은 영리하게 두뇌를 써야 큰 능력을 발휘할 수 있다. 생명의 본질은 유동이고, 멈추는 것은 쇠퇴라고 할 수 있을지도 모른다.

일본에서는 학교도 가지 않고 일도 하지 않고 직업훈련도 받지 않는 젊은이들인 '니트neet', 독립할 나이가 되어도 부모에게 경제적 지원을 받고 자기가 번 돈은 취미 생활에 쓰는 독신자들인 '패러사이트 싱글'이라는 말이 생겼고, 연예에 관심이 없어 '초식계'라 불리는 젊은이들이 더욱 염세적이 되어 2021년에는 '오야가차親ガチャ'라는 불쾌한 말이 유행어가 되었다.

이 말은 자신이 어떤 가정에서 태어날지, 부모가 고수입, 고학력일지 어떨지는 신의 뜻에 달려 있으며, 인생의 운과 불운을 대부분 결정하는 부모의 지위는 마치 캡슐 뽑기 같다는 뜻이다. 설령 부모가 저수입, 저학력이거나 혹은 싱글맘 밑에서 자란다고 해도 아이가 사회적으로 성공할 수 없는 것은 아니다. 그러나 '이제 경쟁에 지쳤다. 내 인생은 이 정도다'라며 단념하는 사람이 늘고 있는 것이다.

'지상계에 개척 가능한 미개척지는 더는 남아 있지 않다'거나 '경제 발전과 성장을 계속하려 한다면 지구 환경이 돌이킬 수 없을 만큼 파괴되고 온난화가 점점 진행되어 인류는 파멸할 것'이라는 위기감에서 SDGs나 ESG Environment, Social, Governance 라는 지표가 전 세계에 받아들여지게 되었다.

그러나 현대를 뒤덮는 탈성장의 흐름이 이대로 계속되는 일은 없을 것이다. 산업혁명 등의 예를 들 것도 없이 **인간은 항상 기술 발전을 통해 미지의 세계를 개척해왔다. 이것은 본능이라 할 수 있다. 그리고 지금 인간에게 남겨진 미개척지는 우주 공간과 가상 공간이다.** 새로운 것을 좋아하는 인간은 본능적으로 그곳으로 향할 것이다. 일론 머스크가 우주 공간으로, 마크 저커버그가 가상 공간으로 나아간 것은 필연이다.

특히 가상 공간을 개발할 때는 누군가와 서로 부수는 제로 섬 게임을 할 필요가 없다. 가상 공간에서는 제한된 자원을 나눠 갖을 필요도 소비를 참을 필요도 없다. 아바타를 통해 용모나 출신 등도 리셋할 수 있다.

인류에게 세계란 태어난 순간부터 계속 거기에 '있는' 것이었다. '이미 존재하는 세계'를 개척해 그곳에 적응하며 살아가는 것이 인생이었다. **메타버스의 가상 공간이 실현되면 세계란 '스스로 만드는 것'으로 변하고, 인류에게 장대한 패러다임 시프트(세계관의 전환)가 일어날 것이다.**

수백, 수천 년에 걸쳐 철학자나 예술가가 축적해온 예지, 과학자가 연구해온 물리 법칙, 근래의 3D CG 크리에이터의 일이 전부 밀푀유처럼 겹쳐질 것이다. 이제 우리는 '메타버스에 세계를 만드'는 일의 입구에 서 있으며, 드디어 본격적인 일이 시작되는 것이다. '준비, 시작!' 하면서 촬영이 시작되고 '컷!' 하는 소리로 촬영이 종료된다. 이 책의 독자인 여러분은 지금부터 메타버스를 구축하는 감독이 될 수 있다.

손쉽게 세계를 만드는 시대

이제는 트위터 계정을 복수로 가지고 있는 사람이 적지 않다. 회사원이나 공무원이 실명으로 얼굴을 드러내고 자유롭게 발언하면 비방 댓글이 쇄도할 수 있다. 친구, 지인만이 아니라 가족에게조차 계정을 알리고 싶지 않은 사람도 있을 것이다. 그런 경우 새로운 트위터 계정은 불과 1분이면 개설할 수 있다. 열 개, 스무 개의 계정을 만들어도 상관없다.

마찬가지로 향후 15년 이내에 **SNS 계정을 개설하듯 쉽게 자신만의 3차원 세계를 만들어낼 수 있게 될 것이다. 개개인이 독창적 3차원 공간과 자신의 아바타를 당연한 듯 갖는 시대가 찾아올 것이다.** 애니메이션 〈용과 주근깨 공주〉 같은 미래가 곧 손이 닿을 만한 곳까지 다가와 있다.

방대한 양의 평행 세계가 생겨나서 서로 영향을 줄 것이다. 세계 A에서 세계 B로 순간 이동하거나 세계 A와 세계 B가 협업해 재미있는 이벤트를 기획할 수도 있다. 복잡계보다 더욱 더 나아가 다원적 평행 세계가 이해 불가능한 수준까지 진화할지도 모른다.

〈용과 주근깨 공주〉에서는 행패를 부리는 용을 '다 같이 무찌르자' 하고 합의한 자경단이 공격을 감행한다. 트위터에서나 보이는 커뮤니케이션이 2차원에서 3차원으로 진화하며, 믿을 수 없을 정도로 복잡해진다.

일을 하다가 스트레스가 쌓였을 때 익명의 계정으로 로그인해 누군가를 비방, 중상하거나 공격하는 사람이 있다. 그런 사람은 다섯 개, 열 개의 계정을 가지고 자신의 정체성을 적절하게 구별해 사용한다. 전투 모드의 아바타(인격)도 있고, 현실 세계에서 지쳤을 때 느긋하게 쉬는 아바타도 있다. 사람들의 정신 구조는 지금보다 복잡하게 세분화되고, 각각의 멘탈리티가 메타버스상에 무수히 전개될 것이다.

복수의 가상 세계에서 살아가는 것이 당연한 일이 되면 인간의 정체성이나 정신이 현대인의 그것과는 완전히 달라질 것이다. 사람들이 스마트폰으로 트위터나 인스타그램, 틱톡을 잘 구사하게 된 뒤로 현실 세계가 가진 가치가 상대적으로 내려갔다. 카페에서 커피를 마시거나 레스토랑에서 식사를 하는 일이 줄어들고, 그 대신 수천, 수만 명이라는 팔로워와의 교류가 활발해진다.

배우자나 친구와 함께 식사를 하러 왔는데도 앞 사람과 전혀 대화를 나누지 않고 눈조차 마주치지 않으며, 넋을 잃고 스마트폰 화면을 들여보는 사람도 드물지 않다. 근처 편의점에는 민낯으로 가지만 인스타그램 앞에서는 화장을 하는 사람도 있다. **나는 메타버스라는 3차원의 가상 공간이 만들어**

지면 최종적으로 현실 세계의 가치는 지금의 10분의 1 정도로 떨어질 것이라고 생각한다.

───

메타버스에 따라 변모하는 '개인'

메타버스 개발로 인해 또 하나의 특정한 거대 공간이 탄생하는 것은 아니다. uni(단일) verse(유니버스)가 아니라 multi(다중, 다수, 다원) verse(멀티버스)가 생겨나는 것이다. 가상 세계가 평행을 이루며 방대하게 존재하게 된다.

양자역학을 연구하는 학자들은 '우리가 존재하는 우주와는 별도로 무수한 다원 우주가 존재한다'는 가설을 세웠다. 4차원뿐만 아니라 5차원, 6차원, 7차원… 하는 식으로 많은 멀티버스가 늘어서 있다는 것이다.

현실의 우주 공간이 유니버스가 아니라 멀티버스인지 아닌지를 나는 알 수 없다. 그러나 적어도 가상 공간상에서는 서로 간섭하지 않는 독립된 수억 개의 메타버스가 존재하게 될 것이다.

A가 로그인하는 메타버스에서는 A가 대통령으로 세계를 통치한다. B가 로그인하는 메타버스에서는 B가 세계의 식

량 위기에 대응하기 위해 대규모의 농업 벤처 CEO로 열심히 일한다. C가 로그인하는 메타버스에서는 〈스타워즈〉의 전투가 줄기차게 펼쳐진다. 이처럼 메타버스는 중층적으로 생겨날 것이다.

우리는 무의식중에 직장이나 학교, 사적인 공간에서 자신의 성격을 적절하게 바꿔가며 생활한다. 가족과 함께 있을 때는 직장이나 학교에서 행동하는 자신의 모습을 그대로 보여주지 않는다. 허물없는 친구와 함께 있을 때는 반말로 무례한 표현을 아무렇지 않게 한다. 직장에 있을 때는 부장이나 과장이라는 직책을 맡아 그 나름의 '권위의 옷'을 입고 행동한다. 한 인간 안에 다양한 '자신分人'이 존재한다.

작가 히라노 게이치로는 2021년에 저서 『나란 무엇인가』에서 이 '분인주의分人主義'를 제창했다. **메타버스가 널리 보급됨에 따라 사람들은 가상 공간에서도 '분인'으로 행동할 수 있게 될 것이다. 공간 A, 공간 B, 공간 C에서는 각각 성격도 직업도 다르고 어울리는 친구도 전혀 다르다.** 앞으로 20~30년 안에 인간의 멀티 인격화가 굉장한 기세로 이루어질 것이고 표면적으로 드러나게 될 것이다.

진짜 자신이란?

메타버스로 개인의 아이덴티티가 변화해감에 따라 하나의 의문에 부딪히게 된다. 우리는 '자기 자신이 어떤 인간인지 정말 알고 있는 것일까?' 하는 물음이다. '그건 당연하잖아, 나에 대해서는 내가 가장 잘 알고 있으니까'라고 말하는 사람도 한번 생각해보길 바란다.

만약 자신의 얼굴이 지금과 달랐다면, 만약 키가 지금보다 10센티미터 더 컸다면, 만약 지금보다 목소리가 낮았다면, 만약 성별이 반대였다면 여러분은 정말 지금과 같은 성격이 되었을까? 시간을 거슬러 올라가 이것들을 시험할 수 없기 때문에 이 '만약'을 검증하는 일은 불가능하지만 'No'라고 대답하는 사람이 더 많으리라 생각한다. 그 사람의 성격, 개성, 인격은 신체적 특징과 밀접하게 연결되어 있고 또 사는 환경에 따라 상대적으로 변할 가능성이 크다.

예를 들어 신장 180센티미터의 일본인 남성이 있다고 해보자. 일본인 남성의 평균 신장은 170센티미터 전후이기 때문에 그는 주변 사람들보다 신장이 커서 농구나 배구 등의 스포츠에서 우위에 서고 좋은 활약을 펼칠지도 모른다. 그것이 자신감이 되어 후천적으로 '밝고 활발하며 지기 싫어하는 성격'이 형성되었을지도 모른다.

하지만 만약 그가 자란 환경이 일본이 아니라 네덜란드였다면 어떨까? 네덜란드 남성의 평균 신장은 183센티미터다. 180센티미터인 그는 평균보다 작은 남성이다. 농구나 배구 선수 중에는 190센티미터가 넘는 사람이 많기 때문에 우위는커녕 불리해진다. 만일 조건이 이렇게 바뀌면 앞서와 같은 인격이 형성될 수 있을까? 적어도 본인이 생각하는 자신의 특징에 '키가 크다'라는 항목은 들어가지 못할 것이다.

실제로 인간의 내면성에는 선천적 요소와 환경 등의 후천적 요소가 모두 영향을 주고, 그것들이 섞여 인격이 형성된다고 여겨진다. 다시 말해 **'인격은 신체의 특징과 깊은 연관이 있다'는 것이다. 그리고 만약 인격과 신체가 끊으려야 끊을 수 없는 불가분한 것이라고 가정한다면, 신체에서 해방된 내가 대체 어떤 인격이 되는지를 나 자신도 모르게 된다.** 어쩌면 지금의 나는 신체 특징에 제약을 받는 인격이고, 진정한 자신은 좀 더 다른 인격일지도 모른다.

외견과 인격이라는 점에서 메타버스에서는 재미있는 현상을 자주 볼 수 있다. 메타버스 공간에서는 아바타를 자유롭게 설정할 수 있기 때문에 중년 남성이 미소녀 아바타를 고르는 일도 가능하다(실제로 이런 일이 적지 않다). 문자 채팅으로는 그의 진짜 성별을 알 수 없다. 보이스 체인저를 쓰면 남성이 여성의 목소리를 낼 수도 있다.

실제로 그렇게 하고 있는 사람의 이야기를 들어보니, 미소녀 아바타를 갖고 있으면 주변에서 미소녀로 대해주기 때문에 서서히 내면도 미소녀처럼 바뀐다고 한다. 주위에서 요구하면 거동이나 발언도 서서히 아바타에 맞춰 '귀여움'을 추구하게 되는 것 같다. 이는 **'내면이 외견에 이끌리는'** 현상의 전형적 예다. 또 자기 자신도 모르게 **주위에서 요구하는 캐릭터에 다가가게 되는 환경 의존의 예**라고도 할 수 있다.

위에서 든 예를 통해 앞으로 메타버스상에서 복수의 아바타를 갖고 살아가는 경우 **각 아바타의 외견적 특징에 이끌린 새로운 인격이 형성되는 현상**이 일어날 것이라고 상상할 수 있다. 그리고 만약 외견적인 신체와 내면적인 인격이 불가분하게 연결되어 있다고 한다면, 아바타 수만큼 다른 인격이 탄생하는 '멀티버스, 멀티 아바타, 멀티 인격'이라는 다중 구조가 만들어질 것이다.

현재도 우리는 학교, 가정, 사회, 동아리 등에서 미묘하게 인격을 구분해 사용한다. 회사 동료에게 보이는 태도와 가정에 보여주는 태도가 다를 것이고, 어렸을 때부터 수십 년이나 친하게 지낸 친구와 최근에 알게 된 친구를 대하는 태도도 다를 것이다. 인터넷에서도 SNS에 따라 캐릭터가 미묘하게 다른 사람이 많다.

이렇게 **환경에 따라 다른 인격을 구분해 사용하는 '분인주의'가 메타버스에 의해 대세가 될 것이다.** 다른 세계에서는 다른 외견을 가지고 다른 인격을 형성한다. 그리고 그것들은 서로 영향을 주지 않고 병존할 수 있다.

매력적인 인격을 만들어내는 스킬

다중인격은 조현병 같은 정신질환으로서 부정적으로 여겨질 가능성이 크다. 다만 공간과 외견을 선택할 수 있게 된 다음 세대는 누구나 다중인격처럼, 공간과 외견에 맞춰 인격을 구분해 사용하는 스킬을 획득할 것으로 상상할 수 있다. 즉 미래의 우수한 사람은 매력적인 인격을 잘 만들어내는 사람이라는 이야기가 될 수도 있다.

내가 좋아하는 예능인 중에 '쟈루쟈루ジャルジャル'라는 2인조 개그 콤비가 있다. 이들은 익살스러운 대화로 손님을 웃기는 재담을 거의 하지 않는다. 특정한 상황을 설정해 콩트를 짜서 매일 유튜브에 올리고 있는데, 현재 145만 명 이상의 구독자를 보유하고 있다.

이들의 유튜브 동영상을 보다가 놀란 것은 이들이 '캐릭터를 만드는 능력'이다. 상황마다 아주 독특하고 개성적인 캐릭터를 수십 명이나 만들어 연기하고, 콩트에 따라 자유자재로 구분해 사용한다.

이용자 댓글을 보면 알 수 있듯, 한 번이라도 본 적이 있는 팬이라면 신기하게도 그 캐릭터가 어떤 성격이고 어떤 말버릇이 있으며 어떤 리액션을 할 것 같은지를 예측할 수 있다.

그리고 아예 시리즈로 만들어 캐릭터를 여러 가지 상황에 적용시키거나 자신들이 만들어낸 캐릭터끼리 협업하게 한다. 그래서 두 사람밖에 없는데도 마치 수십 명의 연기자를 거느린 극단 같은 느낌이다. 덧붙여 그들이 연기하는 캐릭터 자체가 각각의 팬을 형성하는 다중 구조로 되어 있다. 그런 의미에서 쟈루쟈루 두 사람은 '매력적 인격을 만들어내는 천재'라고 할 수 있다.

앞으로 메타버스에서 아바타로 신체까지 선택할 수 있게 되면 쟈루쟈루처럼 **매력적 인격을 만드는 색다른 스킬을 중시하는 시대가 도래할 것이다.** 그때는 만화가, 작가, 프로듀서 등 특정 직업을 가진 사람이 한 일을 모든 사람이 머리를 짜내 생각하게 될 것이다.

이런 현상은 마치 아이폰이나 인스타그램이 보급됨으로써 지금껏 카메라맨이 생각해온 사진의 구도, 효과, 가공을 누구나 생각하게 되거나 유튜브나 틱톡이 보급됨으로써 방송

작가나 현장 감독만이 생각했던 구성, 길이, 텔롭(telop, 텔레비전 방송에서 카메라를 통하지 않고 영상 속에 글자나 그림을 직접 넣어 보내는 장치) 등을 보통 사람이 생각하게 된 것과 많이 닮았다. 사람은 환경에 금방 적응할 수 있는 동물이므로 메타버스 네이티브 세계가 주류가 되면 이런 변화도 받아들일 수 있을 것이다.

이미 존재하는 것에 감히 비유하자면 명함에 쓰여 있는 '직함'처럼 '인격'을 구분해 사용하는 세계관이 퍼져갈 것이다. 직함은 말 그대로 '○○ 주식회사의 ○○부 과장 ○○○입니다', '○○대학 ○○학부의 ○○○입니다'처럼 이름 앞에 쓰는 사회적 속성이다.

과거 사회에서 직함은 하나밖에 없었다. 지금은 여러 개의 '부캐'나 부업으로 개인이 복수의 직함을 갖는 일도(일반적이라고까지는 말할 수 없지만) 드물지 않다. 가까운 **미래에는 인격도 현재의 직함 같이 환경에 맞춰 손쉽게 구분해 사용하게 될 것이다.**

'개성 격차'라는 부정적 측면

한편 인격이나 캐릭터는 선천적 요소에 강한 영향을 받으며 그 요소를 나누기도 힘들기에 노력으로 터득하기는 어렵다. 머리가 좋거나 지능이 높은 것과도 거의 관계가 없다. 노벨상 수상자의 유튜브 방송을 봐도 재미있다고 생각하는 사람은 아마 소수일 것이다.

앞서 소개했던 사도시마 요헤이에게 재미있는 만화는 어떻게 만드는 거냐고 물은 적이 있다. 나는 스토리의 치밀함이 중요하지 않을까 생각했다. 그런데 사도시마는 만화에서는 '캐릭터'가 가장 중요하다고 대답해서 나를 놀라게 했다.

만화 같은 콘텐츠는 사람들을 끌어당기는 캐릭터를 만들어낼 수만 있다면 스토리가 다소 조잡해도 어떻게든 되는 경우가 많다. 매력적인 캐릭터를 만들어낼 수 있는 만화가는 좀처럼 드물고, 인기 있는 만화가는 모두 그게 가능하다는 이야기를 듣고 묘하게 수긍했다. 인기 있는 만화를 떠올려보라. 『드래곤볼』, 『원피스』, 『여기는 잘 나가는 파출소』, 『귀멸의 칼날』 등은 주인공은 물론이고, 그 적까지 캐릭터의 매력이 대단하다.

메타버스로 현실 세계의 제약에서 해방되어도, 만화와 비숫한 상황에 다가가리라는 것을 상상할 수 있다. 다만 만화 캐릭터와 달리 사람의 캐릭터라는 것은 '나다움'이라는 정체성 문제와 복잡하게 얽혀 있다. 용모, 학력, 직업보다 더 민감한 근본적인 문제다.

선천적으로 아름다운 사람, 선천적으로 키가 큰 사람, 선천적으로 운동을 잘하는 사람. 현실 세계에서는 그들에게 다양한 기회가 주어졌고, 그 결과 '가진 자'와 '못 가진 자' 사이에 압도적인 격차가 생겨났다.

마찬가지로 메타버스에서도 선천적으로 사람들에게 호감을 받는 캐릭터를 가진 사람에게는 다양한 기회가 생겨나는 한편, 그렇지 못한 사람은 필사적으로 그것들을 습득하려 노력해야 한다. 현실 세계와 같은 구조의 격차는 메타버스에서도 더 깊은 차원에서 발생할 수 있다.

선천적으로 타인에게 사랑받는 캐릭터를 가진 사람은 게임을 하거나 노래를 부르거나 잡담을 하고 있을 뿐인데도 인기 있는 사람이 되고, 돈도 벌어 주위에서 인정받는다. 반면 그렇지 못한 사람은 뭘 해도 헛일이 되는 잔혹한 상황이 벌어질 수 있다. 예전에 **격차를 낳았던 요소(용모, 학력, 직업)는 노력으로 어느 정도 극복할 수 있는 면이 있었다. 하지만 캐릭터는 자기 자신의 정체성과 연결되어 있기 때문에 노력의 방향성이 더욱 모호해질 것이다.**

다만 인류는, 더 아름다워지기 위해 화장이나 성형 등의 수단을 발달시키고 좋은 대학에 들어가기 위해 사교육을 발전시켰으며, 연봉을 올리기 위해 자격증을 따고 직업훈련을 받는 식으로, 선천적 요소에 따라 발생하는 격차를 후천적 노력으로 메울 수단을 찾아왔다. 메타버스가 보급되어 개성의 격차가 생겨도, 인류는 그것을 메우기 위한 수단을 다시 발견할 것이다.

———

상업주의에서 가치주의로 전환

지금까지는 '돈을 버는 일'과 '사회 전체에 가치 있는 일'이 거의 같다고 간주되었다. 슬림한 형태의 텔레비전이나 에어컨, 로봇 청소기를 만드는 가전 제조사는 이익을 내는 것과 동시에 사람들의 생활을 편리하고 쾌적하게 해왔다. 전동자전거나 자동차를 만들면 제조사가 돈을 버는 것은 물론이고 사회 전체의 유동성이 향상된다.

그러나 자본주의가 성숙해감에 따라 '돈을 버는 일'과 '사회 전체에 가치 있는 일'은 거의 같아지기는커녕 오히려 동떨어졌다. 기업이 돈을 벌면 벌수록 지구 환경은 파괴되고 격차는 커지며 사람들의 불만은 심해졌다.

돈을 버는 것과 사회적으로 가치 있는 일의 괴리를 좁히기 위해 리더들 사이에서는 SDGs나 ESG라는 개념이 이야기되기 시작했다. **돈이 전부인 자본주의 시대에서 개인의 감정적 가치 혹은 사회 전체의 가치가 중시되는 '가치주의' 시대로 이행하고 있는 것이다.**

'가치주의'란 내가 만든 조어다. 종래의 돈벌이가 되는가, 도움이 되는가 하는 '실용적 가치'만이 아니라 사람들의 감정에 긍정적 영향을 주는 '감정적 가치'나 사회 전체에 플러스가 되는 '사회적 가치'라는 세 가지를 균형 있게 보자는 자본주의의 발전형 사고다.

이제 표면적이고 단기적인 논리성만으로는 세계 시장에서 통용되지 않는다. 어중간한 컨설팅이나 어중간한 투자은행 수준의 사고 회로는 AI로 대체될 것이다. AI는 막대한 기계 연산을 순간적으로 완료하기 때문에 금융 기관이나 헤지펀드의 트레이더도 없어질 것이다.

컨설턴트가 패키지 자료를 기업에 제안해도 '아니, 당신들 인간보다 AI가 더 좋은 제안서를 만들 겁니다'라며 내칠 것이다. 공인노무사나 행정사, 법무사의 일은 템플릿(서류 양식)을 복사하는 일뿐이어서 '사'자가 붙는 직업도 대부분 AI로 치환되는 중이다.

그 결과 이런 일의 비용은 10분의 1 이하로 떨어진다. 지금까지 논리적 사고 덕분에 사회의 중심에 눌러앉아 있던 사람들이 점점 사회 바깥쪽으로 밀려나는 것이다. **앞으로는 도움이 되고 돈벌이가 되는 '실용적 가치'와 사람들의 공감을 불러일으키는 '감정적 가치', 사회 전체에 플러스가 되는 '사회적인 가치' 사이에서 균형을 잡을 수 있는 사람이 활약하는 시대가 될 것이다.**

물리적 제약에서 해방되는 메타버스 시대에는 '이 일이 AI로 대체될까?', '돈을 벌 수 있을까?'가 아니라 궁극적으로 이 일을 '좋아하는가?', '사회적인 의미를 느끼는가?'라는 관점만이 일의 기준으로 남을 것이다.

———

원하는 모습으로 살아간다

한때 일이란, 모두가 한 회사에 근무하며 하나의 사무실에 모여 목에는 넥타이를 매고 하루 8시간, 10시간 동안 붙잡혀 있는 상태를 뜻했다. 블랙 기업이 사회적 비난을 받기 전까지는 밤 11시, 자정까지 야근을 하고 막차를 타고 귀가한 뒤, 다음 날 아침에 러시아워에 이리저리 밀리며 출근하는 식으로 일하는 게 당연했다. 유튜버는 그런 삶의 방식, 시시한 인생의 모습을 파괴적으로 불식시키고 있다.

유튜버는 일하는 것에 관한 시간의 제약과 공간의 제약을 멋지게 날려버렸다. 이런 가치 기준의 전환은 메타버스에서 진화한다. 앞으로 사람들은 시간과 공간의 제약만이 아니라 신체의 제약에서도 해방될 것이다. **'좋아하는 것을 하며 살아간다'에서 한발 더 나아가 '되고 싶은 자신으로 살아간다'는 흐름으로 바뀌는 것이다.**

메타버스 속에서는 이제 신체가 나 자신일 필요도 없다. 미남 미녀가 아니고 키가 작고 뚱뚱하다고 해도 가상 공간에서는 꽃미남이나, 엄청난 미녀로 변신할 수 있다. 실제로는 파자마를 입고 있어도 메타버스에서는 양복이나 드레스를 입은 모습으로 있을 수 있다. 노래를 잘하지 못해도 AI의 지원을 받아 프로 가수 못지않은 발성을 낼 수 있다.

현실에서는 '가수가 되고 싶다', '다카라젠느(일본 다카라즈카 가극단의 여배우)가 되고 싶다'는 바람을 가진 사람이 '나는 가난하니까 보이스 트레이닝이나 발레나 일본무용을 배울 돈이 없다', '전문학교에도 다닐 수 없다', '예능 프로덕션에 인맥이 전혀 없다'며 실컷 변명을 할 수 있었다.

유튜브가 있는 지금은 누구나 오늘부터 가수로 데뷔할 수 있고 기타리스트나 개그맨으로 데뷔할 수도 있다. 거꾸로 말하자면 유튜브 덕분에 '좋아하는 것이지만 일로 삼을 순 없다'고 변명할 수 없게 되었다.

더욱이 메타버스가 생기면 모든 제약이 사라진다. 그런 시대에는 **'나는 어떤 인간이 되고 싶으며 어떤 존재이고 싶은지' 강한 비전을 가지고 있어야 한다.** 나에게 가치, 주의, 이상이란 무엇인가? 바야흐로 내면의 가치 창조가 중시되는 시대가 도래하는 것이다.

———

르네상스 2.0

14세기부터 16세기에 걸쳐 이탈리아를 기점으로 유럽 전역에서 르네상스라는 문화, 문명의 황금시대가 도래했다.

『신곡』을 쓴 작가 단테, 『데카메론』의 작가 보카치오, 보티첼리, 레오나르도 다 빈치, 미켈란젤로, 라파엘로 등 기라성 같은 천재가 속속 등장해 문화를 꽃피웠다. **지금 실현되고 있는 크리에이터 이코노미와 메타버스는, 과거 인간의 창조성이 폭발했던 르네상스의 재래라고 나는 생각한다.**

왜 유럽에서 르네상스가 일어났을까? 외국과의 교역으로 막대한 부가 축적되어 피렌체의 메디치 가문 같은 대재벌이 탄생한 것이 하나의 원인이다. 막대한 재산을 가진 메디치 가문은 재능 있는 예술가들을 후원하며 패트런patron이 되었다. 남아도는 자본이 재벌에서 예술로 흘러든 결과 르네상스가 꽃을 피웠던 것이다.

그때와 비슷한 상황이 현 세계에서도 일어나고 있다. GAFA와 마이크로소프트Microsoft(GAFAM)가 수백조 엔이라는 돈을 물 쓰듯 투자해 가상 공간상에 자치구(자신들의 독립국가)를 만들어 왕년의 메디치 가문처럼 되려 하고 있다.

19세기 후반이 되면서 마네, 모네, 폴 세잔, 고흐, 르누아르 등 '인상파'라 불리는 천재 화가들이 색채가 풍부한 독특한 표현 기법을 개척했다. 사실 인상파의 등장 배경에는 몇 가지 기술 혁신이 있었다. 그것은 '튜브식 물감'의 발명이다.

예전에는 야외에서 경치를 보며 그림을 그리는 행위가 지금처럼 일반적이지 않았다. 바깥에서 스케치를 한 후 아틀리에로 돌아와 차분히 작품을 완성하는 수순이 일반적이었다. 왜냐하면 물감을 가지고 다닐 수 없었기 때문이다. 당시 물감은 화가나 그 제자들이 필요에 따라 안료를 부순 다음 기름으로 개는 작업을 거쳐 만들어졌다. 지금처럼 손쉽게 사용할 수 있는 것이 아니라 비용이 많이 드는 물건이었다.

그 후 물감을 튜브에 넣어 가지고 다니는 기술이 발명되어 일부 인기 없는 화가들은 물감 만들기를 전업으로 삼기도 했다. 그 결과 물감은 점점 싼 값에 손쉽게 구할 수 있는 것으로 바뀌어 세상에 보급되었다. 그렇게 물감을 사용해 그 자리에서 그림을 완성하는 현재의 방식이 일반화되었고 이는 '인상파'의 등장으로 이어졌다. 다시 말해 인상파란 '물감의 상품화'에 의해 일어난 현상이었던 것이다.

지금 일어나고 있는 메타버스 혁명도 그것과 아주 유사하다. 3D CG 기술은 얼마 전까지만 해도 극히 일부의 엔지니어와 크리에이터만의 점유물이었다. 고기능 CG 소프트웨어는 고액이어서 장난삼아 다룰 수 있는 것이 아니었다. 그러나 지금은 누구라도 무료로 소프트웨어를 사용할 수 있고, 모든 사람에게 기술의 문호가 열려 있다. 그 소프트웨어를 사용하면 전문적 지식이 없어도 굉장한 영상이나 가상 공간을 만들 수 있다. '튜브형 물감'이 기술로 치환되었을 뿐이다. 바로 르네상스의 재래다.

다만 그 기술을 사용하는 측에 작가정신과 오리지널리티가 있어야 한다. 기술이 개방된 지금 작가에게 상상력과 창조력만 흘러넘친다면 이제 범에 날개를 단 격이다. 상대성이론을 내놓은 물리학자 아인슈타인은 '지식보다 상상력이 중요하다'는 명언을 남겼다. 만 권의 책을 훑어보고 도서관에 있는 지식을 닥치는 대로 머리에 집어넣는 것보다 상상력과 창조력이 날개 치게 하는 일이 훨씬 더 중요하다.

기술과 인간의 창조성이 융합하면 더 큰 부를 낳아 선순환을 일으키게 될 것이다. 아인슈타인의 말대로 상상력과 창조력이 세계를 뒤덮는 '르네상스 2.0'의 황금시대가 찾아오려 하고 있다.

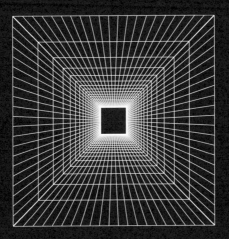

포스트 메타버스의 신세계

기정사실로 여겨지는 것을 전제로 임한다면
더 나아질 희망은 거의 없다.

—

라이트 형제(윌버 라이트, 오빌 라이트)

인생에 필요한 것은 용기와 상상력,
그리고 약간의 돈이다.

—

찰리 채플린

———

리얼과 버추얼의 역류 현상

제5장에서는 메타버스가 완성된 후 찾아올 세계에 대해 자유롭게 공상을 펼쳐보겠다. **메타버스의 보급에 따라 일어날 부차적 효과로 데이터와 알고리즘의 영향력 확대를 들 수 있다.** 특히 VR 디바이스가 보급된 후 메타버스에서는 이 두 가지 요소가 급격히 발전할 것이다. 왜냐하면 메타버스에서는 '데이터의 취득 규모'와 '알고리즘의 적용 범위'가 대폭 확대되기 때문이다.

대략적으로 말하자면 알고리즘이란 컴퓨터에서 재현되는 계산식, 논리, 구조다. 누구에게 무엇을 어떤 우선순위로 표시하거나 제어할지를 결정하는 규칙이다. 우리가 애플리케이션이나 웹 서비스에서 검색, 예약, 입력, 표시를 할 때 그것을 결정하는 것이 알고리즘이다.

데이터 취득 규모의 증가라는 점에서는 PC나 스마트폰과 VR 디바이스는 이용자에게서 얻을 수 있는 정보의 질과 양 모두 비교가 되지 않는다. PC나 스마트폰의 스크린은 이용자가 어떤 사이트를 클릭하거나 터치해 '좋아요'를 표시하는지, 어떤 프로필로 어떤 사람과 연결되는지 등의 2차원 속성 데이터 중심이었다.

VR 디바이스에서는 시야의 모든 것이 스크린이기 때문에 이용자가 시점을 어디로 향하고 있는지, 실제로 무엇을 손에 들고 있고 어떻게 이동하고 있는지처럼, 극히 몸에 가까운 데이터를 얻을 수 있게 된다. 2차원 데이터에서의 예측과 신체성을 동반한 3차원 데이터에서의 예측은 그 가능성이 완전히 다르다.

알고리즘의 적용 범위도 대폭 확대된다. VR 디바이스의 경우, 시야의 모든 것이 컴퓨터 스크린이기 때문에 이용자의 눈에 비치는 모든 정보에 알고리즘을 적용할 수 있다. PC나 스마트폰의 작은 화면으로 무엇을 보여줄지 생각한 시대와는 크게 달라진다. 깊이까지 포함하는 3차원 공간 어디에 무엇을 어떤 타이밍에 표시할지, 모든 것을 실시간으로 알고리즘이 제어할 수 있다. VR 디바이스를 통해 이용자가 보고 있던 시각 정보를 기초로, 메타버스 도시의 간판에 개인 맞춤

형 광고를 표시하거나 방 안의 아이템을 바꾸는 일이 실시간으로 가능해진다.

알고리즘은 학습할 수 있는 데이터의 양과 종류가 늘어날수록 정밀도를 높일 수 있다. 이론상으로는 데이터가 증가하면 알고리즘의 정밀도가 올라가고, 알고리즘의 정밀도가 올라가면 이용자의 만족도가 올라간다. 그 결과 체류 시간이 늘어나고, 다시 대량의 데이터를 취득할 수 있는 순환이 발생한다.

데이터와 알고리즘이란 차량의 좌우 바퀴와 같은 관계다. VR 디바이스라는 시각, 촉각, 체험의 데이터가 수집할 수 있는 장치와 메타버스라는, 깊이와 높이까지 표현 가능한 3차원 가상 공간에 의해 데이터와 알고리즘이라는 두 바퀴는 고속 회전하며 진화할 것이 분명하다.

이스라엘의 역사학자 유발 하라리는 저서 『사피엔스』, 『호모 데우스』에서 미래에 인류는 알고리즘의 노예가 될 것이라고 예상해 세상에 큰 논란을 불러왔다. 그의 주장은 대체로 다음과 같다.

인류는 종교, 자유, 국가, 평등, 화폐, 법률 등 자연계에 존재하지 않는 독자적인 가공의 '이야기(허구)'를 만들어내고 그것을 공유함으로써 사회를 발전시켜왔다. 이 '허구'를 만들어 공유하는 힘이야말로 인류 번영의 원천이다. 생명이나 자연도 알고리즘 덩어리에 지나지 않는다. 앞으로 기술이 발전하면 AI 등의 알고리즘에 사람들은 생활의 판단을 맡겨버리고 노예화되어갈 것이다. 반면 알고리즘을 잘 구사하는 일부 인간은 신 같은 존재(호모 데우스)가 되고, 대부분의 인간은 그들이 만들어낸 알고리즘의 노예가 될 것이다.

일반 사람의 입장에서 보면 유발 하라리의 이런 주장은 받아들이기 힘들 것이다. '터무니없고 피도 눈물도 없는 냉혈한'이라고 느낄 수 있다. 다만 냉정하게 사실과 논리만을 고려하면 아주 타당한 이야기를 한 것이다.

실제로 전반의 '인류는 허구를 믿음으로써 발전해왔다'는 주장을 부정하려면 신, 사랑, 인권, 평등, 사회, 존엄 등 '허구'를 언급해야 한다. 허구의 존재를 부정하기 위해 허구를 끌고 나오는 동어반복에 빠지는 것이다. 적어도 과학적인 측면에서 그의 이야기를 부정하기는 어렵다.

그리고 후반에 나오는 알고리즘의 노예화라는 현상도 실제로 실시간으로 일어나고 있는 일의 연장선에 있는 미래다. 개인적으로는 상당히 정확도가 높은 예측인 것 같다. 예컨대 이제 우리는 어떤 목적지로 가는 루트를 생각할 때 길가의 사람에게 묻지 않고 구글맵 등의 지도 애플리케이션을 통해 검색한다. 모르는 말이 있을 때도 도서관에 가서 책을 찾아보기보다는 검색엔진으로 찾은 위키피디아의 기사를 참고하는 사람이 더 많을 것이다.

　감정적인 이야기를 뺀다면 **이미 세상은 알고리즘을 신용하고 있고, 그것 없이 생활은 성립하지 않고 있다.** 이대로 세계의 모든 데이터를 컴퓨터가 수집할 수 있게 되고 알고리즘의 정밀도가 점점 올라간다면 유발 하라리의 예언이 실현되리라는 것은 쉽게 예상할 수 있다.

　알고리즘이 지배하는 사회는 일반적으로는 디스토피아(절망적인 암흑세계)로 인식되고 있다. 하지만 나는 그렇지 않다고 생각한다. 왜냐하면 인류는 과거에 이와 유사한 일을 경험했기 때문이다. 그것은 '법률'이다. 법률이란 의회를 거쳐 정해지는 국가의 운영 방법을 명문화한 규칙이다. 대략적으로 말하자면 이것이야말로 사람이 만든 단순한 '알고리즘'인 것이다.

　알고리즘이라는 말의 원래 의미는 컴퓨터 프로그램만을 가리키는 게 아니라, 넓게 보아 '어떤 문제의 답을 도출하기 위한 방법이나 수순'을 가리킨다. 유발 하라리도 지적하고 있듯 우리의 생명도 살아가기 위해 음식물을 섭취하고 대사를 되풀이하는 알고리즘을 갖고 있다고 할 수 있다. 또한 우리가 사는 인간 사회도 특정한 과제에 대해 특정한 답을 도출하는 방법이나 수순을 갖고 있다. 현대에는 '법률'이 그것에 해당한다.

　다시 말해 의회가 만들어내는 알고리즘을 '법률'이라 부르

고, 컴퓨터가 만들어내는 알고리즘을 'AI'라 부르고 있을 뿐이다. 사실 우리는 수백 년 전부터 알고리즘에 따라 사회를 운영해왔다.

예전에 국가는 왕이나 귀족 등 소수의 특권 계급에 의해 지배되었다. 위정자의 폭정으로 나라가 멸망하기도 하고, 쿠데타나 내란이 일어나기도 하고, 갖가지 실패를 경험하기도 했다. 그 결과 '왕' 위에 '법'을 놓음으로써 나라를 다스리는 방법을 찾아냈다. 그것이 근대의 '법치 국가'다. 법률은 민중을 대표하는 국회의원들이 의회에 모여 다수결로 결정했는데, 이 방법이 지난 300년 정도는 비교적 잘 돌아갔다.

한편 근래는 이 방법으로 국가를 운영하는 것에 한계가 보이기 시작했다. **정보화 사회와 글로벌화로 세계는 점점 뒤얽히고 복잡해져서 인간이 파악할 수 있는 수준을 넘어섰다.** 어떤 문제를 해결해도 그것이 또 다른 문제를 일으키고, 한 국가의 사건은 한순간에 세계 전역으로 파급된다. 요즘의 테러, 환경 문제, 코로나19 등의 재앙을 보면 알 수 있듯, 한 나라에서 일어난 문제는 순식간에 세계 전체의 문제가 된다.

인류는 이처럼 밀접하게 뒤얽힌 복잡한 문제를 해결하는 일에 익숙하지 않다. 국익을 대전제로 의회에서 도출한 해답이 세계 전체에서 보면 해답이 아닌 것으로 여겨지는 사태도 예를 들자면 한이 없다. 미국의 트럼프 전 대통령의 정책, 브

렉시트, 중국의 홍콩 통합 문제 등이 떠오르지 않는가.

게다가 최근에는 세계가 너무나도 복잡해져 객관적으로 사실을 파악하기가 힘들어졌다. 그렇기 때문에 **'사실인지 어떤지'보다는 '자신이 납득할 수 있는지 어떤지'에 중점을 두는 사람들이 전 세계적으로 늘어났다.** 그것이 가짜뉴스나 음모론, 파시즘의 온상이 되고 있다. 오늘날 국제사회의 상태를 냉정히 파악하기 위해서는 폭넓은 지식을 갖추기 위해 공부를 해야 한다. 그런데 그런 어려운 과정을 거치기보다는 '세계에는 나쁜 놈이 있다. 그놈을 해치우면 해결된다!'고 누군가에게 외치게 하는 편이 쉽고 편하게 납득할 수 있는 길이 된 것이다.

그런 사람들이 대량으로 존재한다는 것을 이해한 일부 정치가가 선거를 해킹해 표를 얻기가 쉬워진 상황도 있다. 그 때문에 과학적으로는 전혀 옳지 않은데도, 많은 사람의 지지를 받아 자신들의 목을 스스로 조이는 정책을 실행하는 파멸적 선택을 할 확률이 전 세계적으로 높아졌다. **이는 의원이 민의를 올바로 수렴해 의회에서 적절한 정책이나 법률을 만들 수 있다는 전제가 흔들리고 있다는 뜻이다.** 세계가 아직 단조로웠던 시절에는 이 방법이 가장 효율적이었다. 다만 현재의 복잡하게 뒤얽힌 세계에서는 통용되지 않는다.

세계는 새로운 가치관을 필요로 하고 있다. 그래서 **예전에**

'왕' 위에 '법'을 두었던 것처럼 이번에는 '법' 위에 'AI'나 '알고리즘'을 두는 새로운 사고가 필요해지는 것이다. 법 '위에'라고 표현하면 AI나 알고리즘이 사람을 지배하는 것처럼 보이겠지만, 법률을 정할 때 컴퓨터가 방대한 학습으로 만들어낸 알고리즘을 먼저 참고하자는 정도의 의미다.

지금은 의원이 세상을 올바로 파악할 수 있다는 전제 아래 의회가 존재하지만 복잡해진 세계를 올바로 파악하기 위해 AI나 알고리즘의 힘을 도입하는 것을 피할 수 없다. 반복하는 말이지만 현실 세계의 복잡함은 이미 인간 개체의 인지 능력을 대폭 상회하고 있다. **단순한 세계의 문제는 법률로 대응할 수 있지만, 복잡해진 세계의 문제는 AI의 힘을 빌릴 필요가 있다.**

우리는 '목적지까지 가는 길', '인기 있는 레스토랑', '추천하는 데이트 스폿'을 조사할 때 컴퓨터 알고리즘이 도출한 답을 참고로 최종적으로는 자신이 의사를 결정한다. 국가도 마찬가지로 **막대한 데이터를 학습한 컴퓨터가 만들어내는 알고리즘의 해답을 참고하며 의회가 방침을 결정하게 될 것이다.**

'들어가는 글'에서 기술은 개인보다 6~10년 이상 늦게 행정에 침투된다는 이야기를 했다. 그런데 바로 정치도 지금 우리가 당연히 하고 있는 행위를 나중에야 도입하게 될 것이다. 이 국가의 운영 방법에 이름을 붙인다면 '알고리즘 민주주의' 또는 '알고리즘 데모크라시'쯤 되지 않을까.

유발 하라리가 『호모 데우스』에서 말한 것은, 이 알고리즘이란 것이 마치 AI라는 섬뜩한 존재에 의한 급작스러운 혁명처럼 비치지만 인류는 지난 1,000년쯤 같은 흐름 속에 있었다는 것이다. 오늘날에는 왕이나 귀족 등 일부 인간에 의한 자의적인 결단을, 더 많은 사람의 의견을 반영한 알고리즘에 맡기게 되었을 뿐이다.

지금까지는 국회의원과 의회가 민의를 수렴해 '법률'이라는 단순한 알고리즘에 넣었고, 앞으로는 컴퓨터가 빅데이터라는 형태로 사람들의 정보를 대량으로 수렴해 'AI'라는 복잡한 알고리즘에 넣을 뿐이다. **특정 개인의 자의성을 배제하고 더욱 객관적인 답을 도출해 국가의 지속 가능성을 높여가려는 시도다. 다시 말해 과학과 논리에 기초한 규칙(알고리즘)에 운영을 맡기자는 인류의 큰 방향성은 사실 달라지지 않았다.**

이미 '정치가와 AI가 내놓은 답 중 어느 것을 신뢰할까?'라는 물음을 받으면 'AI'라고 대답하는 젊은이가 상당히 많을 듯하다. 앞으로 그들이 사회의 중심이 되면 앞에서 말한 흐름은 저절로 강해질 것이다.

알고리즘 민주주의에서 메타버스의 역할

그렇다면 향후 '알고리즘 민주주의'가 서서히 사회에 도입될 때 메타버스는 어떤 역할을 하게 될까? **메타버스는 알고리즘이 제어하는 미래 사회의 '실증 실험'의 장이 될 것으로 예상한다.** 현실 물리 세계의 틀을 바꾸는 데는 비용이 무척 많이 든다. 게다가 실패는 허락되지 않는다. 신중하게 검토한 후 이해 조정을 하고, 관계자 전원이 납득할 수 있어야 한다. 법률 제정, 건물이나 도로 건축, 예산 확보 모두 10년, 20년이 걸리는 일이기 때문이다.

한편 메타버스의 경우는 새롭게 가상 세계를 시작하면 이해를 조정할 관계자도 없고, 그 공간의 규칙을 만들어서 시험해보는 것도 즉시 가능하다. 건물이나 도로도 현실의 몇천 분의 1, 몇만 분의 1의 비용과 시간으로 구축할 수 있다. 수만 명에서 수십만 명을 주민으로 모집하고, 거기서 가상 사회를 운영해보고 어떤 문제가 일어나는지 사전에 시뮬레이션할 수 있다. 또한 시범적으로 그 메타버스에 살아보고 싶은 사람을 모집하는 것도 온라인상에서 바로 가능하다. 물론 물리적으로 이주할 필요도 없다.

그리고 메타버스상의 실증 실험에서 잘 기능한 알고리즘

이 현실 사회에도 설치되는 수순을 밟게 될 것이다. 다시 말해 지금까지 메타버스는 현실 세계의 모습을 모방해 만들어졌지만 미래에는 현실 세계가 메타버스의 모습을 모방하는 반대 흐름이 일어날 수 있다.

세계의 규칙이 바뀌는 계기

이런 정치 시스템의 업데이트는 아주 민감한 문제로, 정치 구조가 변한다는 것은 '권력'이 변한다는 뜻이기도 하다.

과거 왕이 지배하는 정치에서 법이 지배하는 정치로 이행할 때도 엄청난 마찰이 있었다. 아마 왕이나 귀족은 법이 지배하는 민주정치를 '어리석은 민중의 의견을 받아들여 정치를 한다는 건 당치도 않은 일이다. 나라의 방향성을 가장 잘 이해하고 올바르게 판단할 수 있는 것은 우리들 특권 계급뿐이다'라며 대단히 불쾌하게 생각했을 것이다.

마찬가지로 AI가 민주주의에 편입되는 것에 반대하는 사람은 이런 말을 할 것이다. '그저 기계에 지나지 않은 AI의 의견을 받아들여 정치를 한다는 건 당치도 않은 일이다. 인간을 가장 잘 이해하고 올바르게 판단할 수 있는 것은 우리 인간뿐이다'라고 말이다.

그러나 100년 후 미래 사람들에게 이 두 가지 태도는 서로 비슷하게 비칠지도 모른다. 일상 세계는 기술로 인해 급속하게 변한다. 한편 정치나 국가의 구조는 수십 년, 수백 년간 지속하다가 어떤 사건을 계기로 단숨에 변하는 움직임을 보인다. 대개는 전쟁, 혁명, 테러, 팬데믹, 환경 문제 등 '이제 더는 지금 구조로는 안 된다'는 것을 국민들이 분명하게 느끼는 순간 변화하는 것이다.

현대의 우리는 환경 문제, 가짜뉴스, 파시즘, 음모론, 핵전쟁, 분쟁, 테러 등 많은 문제에 봉착한 채 간신히 질서를 유지하고 있다. 하지만 이 균형 상태가 앞으로도 계속될 것이라고 단언할 수는 없다. 인류가 만들어낸 문제가 인류가 대응할 수 있는 한계를 넘어버렸을 때 구체적으로 알고리즘 민주주의가 논의될 것이다.

———

근미래 전쟁의 형태

다가올 시대에 일어날 수 있는 '전쟁'에 대해서도 언급해보겠다. 2022년 2월 러시아가 우크라이나를 침공해 세계는 충격에 휩싸였다. 다섯 개의 상임이사국의 하나로서 세계의 평화를 유지할 의무가 있는 나라이자, 미국과 더불어 제2의 군사대국인 러시아가 21세기에 당당히 침공을 개시한 것이다.

여기에는 다양한 사정이 얽혀 있지만, 나는 근래 세계의 힘의 균형이 무너지기 시작한 것도 큰 원인이라고 생각한다. 예전에는 패권 국가인 미국의 존재가 억지력이 되어서 경제 제재나 군사 제재가 두려운 나머지, 각국은 쉽게 전쟁을 일으킬 수 없었다.

이번 우크라이나 침공은 러시아가 예전만큼 미국의 반응을 두려워하지 않는다는 증거라고도 할 수 있다. 지난 10년 동안 중국이 정치적으로나 경제적으로 미국에 필적할 만한 영향력을 전 세계적으로 발휘하게 되었다. 그래서 중국과 관련이 깊은 러시아는 미국의 움직임을 이전만큼 위협으로 느끼지 않는 것인지도 모른다.

우크라이나 침공으로 각국 정부는 러시아를 금융 시스템에서 배제하는 경제 제재를 가했다. 세계의 금융 시스템은 서로 연결되어 있는데 SWIFT(국제은행간 통신협정)라 불리는 국제적 금융 네트워크에서 러시아를 배제함으로써 러시아와 세계 각국의 결제와 송금을 정지시킨 것이다.

이에 따라 러시아 정부, 기업, 개인은 세계 각국과의 돈거래가 불가능해져서 다양한 경제 활동이 어쩔 수 없이 정지되었다. 이렇게 되면 수출입에 의존하던 현지 기업은 제조, 수주, 판매를 할 수 없어 도산으로 내몰린다. 그리고 러시아 기업의 주가와 통화 가치가 폭락해 실업자가 넘쳐나게 되고 경제는 붕괴된다. 근대 중앙집권적인 국가의 금융 시스템은 국가의 급소이고, 이곳을 공격당하는 것은 치명적이다. 이런 급소를 '단일 장애 지점'이라고 한다.

한편 디지털 민주주의가 가속화해 AI와 융합한 근미래의 국가에서는 어떻게 될까? '디지털 인프라'야말로 국가의 최대 급소가 된다. 국가 운영이 시스템에 의존하게 되므로 대규모 사이버 공격으로 국가의 시스템을 다운시켜서 실질적으로 적국을 기능 부전에 빠지게 할 수 있다.

현재 행정의 디지털화는 민간 기업만큼 진행되지 않았지만, 가까운 미래에 각국 정부, 지방자치단체도 현대의 IT 기업 같은 운영 체제가 되리라는 것은 틀림없는 사실이다. 현재의 민간 기업도 GAFA 등이 제공하는 인프라에 올라타 서비스를 제공하고 있기에 그들로부터 쫓겨나는 기업은 도산하게 될 수도 있다.

마찬가지로 국가가 외국 기업의 시스템 인프라를 기반으로 운영되면 그 시스템의 이용을 정지하거나 차단하는 것이 최대의 경제 제재 수단으로 변한다. 에너지(전력, 가스), 이동 수단(비행기, 전철, 자동차), 통신 수단(전화, 인터넷)이 모두 AI에 의해 제어되는 사회에서는 이 AI를 파괴함으로써 나라의 경제 활동을 정지시킬 수 있다. 바로 디지털 인프라야말로 차세대 국가의 급소(단일 장애 지점)가 되는 것이다.

그리고 한 발 더 나아가 탈중앙집권적, 자율분산형 공동체가 탄생한다면 어떨까? 국가는 지휘계통이 제대로 기능하고 있다는 의미에서는 중앙집권적 공동체라고 할 수 있지만, 비트코인처럼 대표자 없이 제멋대로 돌아가는 탈중앙집권적인 공동체는 어떨까?

비트코인은 마이너리티라 불리며 온라인상에서 거래를 계속하는 전 세계 사람들에 의해 지탱되고 있는데, 그들이 거래를 멈추지 않는 한 비트코인은 계속해서 존재할 것이다. 실제로 각국 정부는 비트코인에 여러 차례 규제를 가했지만 지금껏 비트코인은 사라질 기미를 보이지 않고 있다. 블록체인이라는 기술이 성숙해지는 이상 전 세계에서 각기 거래 중인 모든 컴퓨터를 멈추게 하는 것 외에는 수단이 없다. 깊은 산속에 숨어 거래하고 있는 사람이나 게임을 하며 거래하고 있는 전 세계 구석구석의 사람들을 찾아내 멈추게 하는 일은 거의 불가능에 가깝다.

그런 의미에서 탈중앙집권적인 공동체를 부수려는 것은 종교의 '후미에踏み繪'를 하는 행위에 가깝다. 쇄국 중이던 에도 시대에 그리스도교 신자들을 탄압하기 위해 일본에서는

그리스도의 그림을 밟게 해 신자를 밝혀냈다. 이때도 설사 그림을 밟았다고 해도 마음속으로 그리스도를 믿는 사람을 막을 수 없었을 것이다.

탈중앙집권적인 비트코인도 그 거래를 그만두지 않는 사람이 세계에 두 명 이상만 있어도 사라지지 않는다. 또 비트코인 창시자인 사토시 나카모토는 얼굴도 본명도 신분도 밝히지 않았으니 지도자나 대표자를 체포하거나 함정에 빠뜨리는 공격도 무의미하다. 가령 중심인물을 체포한다고 해도 시스템은 문제없이 계속 가동할 것이다.

만약 근대국가와 같은 공동체가 AI나 블록체인과 융합함으로써 자율분산성을 획득하면, 그것을 붕괴시킬 방법은 참가자의 '마음을 꺾는 것'밖에 없다. 다시 말해 그 공동체를 믿고 참가하는 사람들의 환상을 때려 부숴 참가자가 제로가 될 때까지 공동체의 신뢰를 실추시킬지도 모른다. 그 때문에 가짜뉴스나 음모론 등 고도의 정보전이 펼쳐져 사람들의 '마음을 빼앗는 전쟁'이 수면 밑에서 활발해질 것이다.

그리고 뇌와 컴퓨터를 직접 연결하는 기술 등이 발달하면 이 경향은 더욱 현저해져 비방과 중상, 가짜뉴스, 음모론은 디지털 바이러스 같은 존재가 되어갈 것이다. 다시 말해 해킹이나 사이버 테러의 공격 대상이 '인간 정신'으로 변하는 시대가 될 것 같다.

우주 공간과 가상 공간은 최후의 개척지

**역사상 인류는 항상 미지의 세계를 개척함으로써 발전해왔
다.** 대항해 시대에는 스페인이나 포르투갈의 배가 남북 아메
리카 대륙에 이르러 '예수회(가톨릭교회)가 선교를 한다'는 그
럴듯한 주장 아래 원주민을 상대로 한 침략과 지배를 정당화
했다.

그 후에도 인류는 전쟁과 폭력으로 타인의 토지를 수탈해
왔다. 수탈과 토지 개발이 갈 데까지 간 결과 인류에게 남겨
진 미개척지는 이제 우주 공간과 가상 공간 정도이며, 또는
SDGs이다. 이제 지구온난화 대책을 위해 화력발전이나 원
자력발전을 대체하는 재생 가능 에너지(클린에너지)를 개발하
는 것 외에 지구 단위로 전개할 수 있는 대규모 경제 활동은
없다.

먼저, 우주 공간에는 일론 머스크가 이끄는 스페이스 X나
제프 베이조스(아마존 창업자)가 시작한 블루 오리진(우주 벤처
비즈니스)이 앞서가고 있다. SDGs는 자본주의가 만들어낸 고
름을 짜내는 활동이므로 순수한 미개척지라고는 말하기는 어
렵다. 20세기형 개발이 낳은 쓰라림의 시정, 버그의 시정이다.

21세기의 순수한 미개척지는 우주 공간과 가상 공간, 이

두 곳뿐이다. 우주 공간에 거대한 우주 정거장을 건설해 물이나 음식물을 자급자족할 수 있게 하거나, 달이나 화성에서 희토류를 채굴하는 사업이 가능할지 모른다. 이런 사업을 진행하기 위해 앞으로 수백조 엔이라는 돈이 투입될 것이다.

새로운 것을 좋아하는 사람들과 미래의 아이들이 우주 공간과 가상 공간, 이 두 곳을 목표로 삼는 것은 당연하다. 그러니 부모가 어리석게 아이들의 상상력과 창조력을 손상시켜서는 안 된다. 예전에 TV용 콘솔 게임이 유행했을 때 어른들은 '이런 게임을 하다가는 바보가 되어 성적이 떨어진다'며 필사적으로 막았다.

근래에도 일부 자칭 뇌과학자가 '게임 뇌'라는 사이비 과학 같은 말로 신세대를 위협하고 아이들에게서 게임을 빼앗으려 했다. 어른들이 게임이나 컴퓨터를 빼앗지 않았다면 천재는 학교에 다니지 않고 아침부터 밤까지 게임에 푹 빠져 시간을 알차게 사용했을 것이다. 그 아이들은 엔지니어나 게임 크리에이터로 대성공을 거뒀을지도 모른다. 그리고 창업자가 되어 실리콘밸리에서 수백조 엔을 벌었을지도 모른다.

우주 개발과 메타버스 개발은 별개가 아니다

그런 젊은 재능이 진행할 우주 개발과 가상 공간의 개발, 현재 이 두 가지는 완전히 다른 업종으로 보인다. 그러나 양자는 놀랄 만큼 가까이 다가갈 것으로 예상한다. 1991년 걸프 전쟁을 위해 미군은 군사위성에 의한 통신을 아주 빠른 속도로 준비했다. 이 전쟁에서 이기기 위해 미군은 GPS global positioning system를 개방했다. GPS로 지상에 있는 공격 목표의 위치를 정확하게 파악하고 깜깜한 밤중이라도 확실하게 폭격하고 공격할 수 있도록 태세를 정비한 것이다.

아이러니하게도 전쟁 덕분에 GPS가 민간에도 개방되어 자동차 내비게이션이 실용화되었다. 우주선에서의 인터넷 접속도 가능해지고 국제 우주 정거장 내부의 모습을 라이브로 중계할 수도 있게 되었다. 앞으로 우주 정거장을 실용화하기 위해 컴퓨터상에서 달 표면 도시계획을 시뮬레이션하는 사람도 있을 것이다. 이처럼 **우주 개발과 가상 공간의 개발을 통해 정보 기술은 상호 융합한다.**

위성이 곳곳을 날아다니며 방대한 관측 데이터를 지상으로 보내주는 덕분에 온라인의 가상 공간에 우주의 모습을 재현할 수 있다. 우주 어디에 어떤 별이 있고 은하계 전체는 어떻게 분포되어 있는지, 우주 공간에 편재하는 암흑 물질이란 어떤 상태로 있는지, 데이터의 축적은 점점 늘어날 것이다.

달 표면 도시계획도, 화성 탐사 계획도 앞으로 5년이나 10년 안에 실현될 것 같지는 않다. 지금 시뮬레이션 중인 계획은 메타버스 공간이 선행 실험의 장이 될 것이다. 우주 개발과 메타버스는 서로 가까운 영역이어서 서로 섞일 수밖에 없다. **위성이나 로켓이라는 하드웨어의 영역, 가상 공간을 재현하는 소프트웨어의 영역이 뒤섞여 지금까지 어디에도 없던 비즈니스 영역이 생겨날 가능성이 있다.**

위성이 가져온 데이터는 가상 공간에 똑같은 것을 재현하기 위한 '칼피스^{カルピス}' 원액 같은 것이다. 유산균 음료인 칼피스 원액은 굉장히 고농도여서 물이나 우유에 2.5~5배 정도로 희석해서 먹어야 한다. 우주 개발이 진행되어 관측 데이터가 늘어나면 가상 공간도 데이터에 연동되어 진화한다. 하드웨어가 발달하면 할수록 가상 공간도 더욱 풍부해진다. 가상 공간으로의 응용이 진행될수록 하드웨어에 대한 투자도 가속화하므로 양자는 연결되면서 동시에 풍부해지는 것이다.

우주 장기 체류에 필요한 환경을 갖춘 거대한 인공위성인 스페이스 콜로니^{space colony}에서의 생활은 실제로 인간이 가기 전에 먼저 가상 공간에서 체험할 수 있게 될 것이다. 로켓을 타고 성층권으로 나갈 때 걸리는 중력은 얼마나 강력할까,

무중력 공간에서 사는 것은 어떤 느낌일까, 밀폐 공간에서의 스트레스 내성은 어느 정도일까? 이것들은 메타버스에 의해 모두 사전에 시뮬레이션할 수 있다.

은하계의 정보를 수집할 수 있게 되면 가상 공간상에 은하를 그대로 복사할 수도 있을 것이다. 100년 후의 지구가 어떻게 될지, 200년 후 또는 300년 후의 지구가 어떻게 될지, 그 무렵 달이나 화성은 어디까지 개발이 진행될지도 시뮬레이션할 수 있게 된다.

우주 비행사의 시뮬레이터로 메타버스가 이용되는 것은 당연하고, 사고로 다리를 다쳐서 걸을 수 없는 사람, 근위축성 측삭경화증이나 파킨슨병 같은 난치병에 걸려서 자유롭게 움직일 수 없는 사람도 우주여행을 즐길 수 있게 된다.

———

우주는 물질인가 정보인가

아인슈타인과 함께 상대성 이론을 만든 존 휠러라는 천재적인 물리학자가 있다. 일반 상대성 이론, 양자 중력 이론이라는 공적을 남겼고, 제2차 세계대전 때는 맨해튼 계획에 참여해서 원자폭탄 개발에 종사했다.

휠러는 생애를 걸쳐 '우주의 본질은 무엇인가?'라는 물음에 다양하게 접근했고, 만년에 자전에서 "(우주의 본질은) 처음에는 모든 것이 '입자'라고 생각했고, 이어서는 모든 것이 '장場'이라고 생각했으며 지금은 모든 것이 '정보'라고 생각한다"고 말했다. 상대성 이론에 관련된 천재 물리학자가 만년에 이 우주는 컴퓨터 같은 것이고 '우주의 정체는 정보(데이터)가 아닐까'라는 가설에 다다랐다는 것은 충격적인 일이다.

과학철학의 세계에서도, SF 소설에서도 옛날부터 '시뮬레이션 가설'이 주창되었다. 3D CG가 극한까지 발전하면 현실과 구별이 안 될 만큼 정밀도가 높은 가상 공간이 완성된다. 어느덧 현실과 가상은 경계가 없어지고, 현실 세계라고 생각했던 것이 실은 모의 현실simulated reality이었다는 영화 〈매트릭스〉 같은 사태가 정말로 도래할지도 모른다.

이대로 우주 개발이 순조롭게 진행되어 인류가 우주 전체의 정보를 해석할 수 있는 능력을 손에 넣으면 우주 그 자체를 가상 공간상에 재현할 수 있을 것이다. 거기서부터 역설적으로 우리가 사는 물리적 우주의 정체와 수수께끼가 풀릴지도 모른다. 그렇게 되면 이제 '가상 공간은 결국 가짜다'라고 단언할 수 없게 된다.

완벽한 거울처럼, 투영된 세계를 현실처럼 느끼게 된다(착각하게 된다)면, 어느 것이나 물리적이라고 말할 수 있다. 지금 우리가 '이것은 물리적인 우주다'라고 생각하는 대상은 사실 단순한 데이터(정보) 덩어리이고, 휠러의 말처럼 '우주의 정체는 정보(데이터)'라는 가설이 옳다는 게 증명되는 날이 올지도 모른다.

———

양자 컴퓨터와의 융합 가능성

또한 장래에 메타버스와 융합하는 게 아닐까 싶은 분야가 양자 컴퓨터다. **양자 컴퓨터란 양자의 중첩이거나 양자의 얽힘이라는 양자역학적인 현상을 이용해서 만드는 차세대 컴퓨터다.** 정말 이 분야를 올바로 이해하기 위해서는 책 한 권으론 부족하기 때문에 흥미 있는 분은 꼭 전문서를 찾아 읽어보기를 추천한다.

양자 컴퓨터를 기대하는 배경에는 종래 컴퓨터의 성능 향상에 한계가 보인다는 사실이 존재한다. 오랫동안 컴퓨터업계에는 '무어의 법칙Moore's Law'이라는 지배적인 법칙이 존재했다. 무어의 법칙이란 인텔의 창업자 고든 무어Gorden Moore가 제창한 경험칙으로, 반도체(트랜지스터 소자의 집적회로)의 집적률이 18개월에 두 배가 된다는 법칙이다.

이것만 들어서는 무슨 말인지 알 수 없지만, 아주 간단히 말하면 '반도체의 성능이 18개월에 두 배가 되어 반도체 제조 비용이 18개월에 절반이 된다'는 뜻이다. 다시 말해 컴퓨터 분야에서는 일정한 시간이 경과하면 일정한 성능의 향상과 제조 비용의 저하가 일어난다는 법칙성이 업계에 오랫동안 존재했고, 실제로 수십 년 동안 이 법칙 그대로 진행되었다. 그리고 이 법칙성이 있었기 때문에 업계는 미래를 정확히 예측해 거액의 투자를 계속할 수 있었다.

그러나 최근에는 어쩌면 이 법칙이 무너질 날이 올지도 모른다는 이야기가 나오기 시작했다. 집적회로를 점점 소형화한 결과 원자의 크기라는 벽에 부딪힐 가능성이 생겼기 때문이다. 회로를 흐르는 전류, 이동하는 전자도 원자보다 작은 영역에서는 물리학상의 원리가 통용되지 않게 된다. 그래서 완전히 다른 원리로 움직이는 차세대 컴퓨터로서 양자 컴퓨터에 대한 투자가 이루어지는 중이다.

2022년 단계에서도 양자 컴퓨터가 실용화되고 있다고는 말하기 힘들지만, 전 세계의 연구자가 경쟁적으로 개발을 진행하고 있다. 그중에서도 구글이나 IBM은 거액을 투자했다. 2019년에는 세계에서 가장 빠른 슈퍼컴퓨터라도 1만 년이 걸린다는 처리를, 구글의 연구팀이 개발 중인 양자 컴퓨터가 200초에 처리했다는 발표를 해 세상을 깜짝 놀라게 했다. 다만 이것은 양자 컴퓨터 쪽에 우위인 과제를 설정해 실험한 결과여서 다소 선전용 색채가 강하다는 견해가 많다.

현재 일반적 용도로 쓰이는 분야에서 양자 컴퓨터가 나설 일은 거의 없다. 그 정도의 대규모 계산을 할 필요가 없고 또 양자 컴퓨터와 종래 컴퓨터는 잘하는 분야가 서로 다르기 때문이다. **가령 '무어의 법칙'이 붕괴되어 컴퓨터의 성능 향상이 멈춰도 현재 웹 서비스의 대부분에는 문제가 없을 것이다. 하지만 메타버스 분야는 사정이 다르다.**

3D CG나 VR 영역에서는 컴퓨터의 하드웨어 쪽 성능이 부족해 품질을 타협하는 경우가 대부분이다. 가령 기존보다 1만 배 계산력을 가진 컴퓨터가 존재한다면 현실 세계라고 해도 믿을 만한 가상 공간을 만들어 실시간으로 움직이게 할 수도 있다. **다시 말해 〈매트릭스〉 같은 가상 세계가 실현될 수 있을지 여부는 컴퓨터의 계산력 향상에 달려 있다.**

2차원 공간에서 1차원을 더해 3차원으로 한 것만으로도 거기서 다뤄지는 정보의 양은 믿을 수 없을 만큼 많아진다. 우리 눈에 비치는 물리 세계의 단순한 경치나 변화를 컴퓨터에서 재현하려면 그 이면에서는 엄청난 양의 계산이 이루어진다.

유리에 빛이 반사하거나 컵이 탁자에서 바닥으로 떨어져 산산조각이 나거나 수면이 물결치거나… 단지 이런 것을 재

현하는 데도 현실 세계와 같은 품질을 실현하려면 엄청난 정
보량과 계산량이 필요하다. 인류는 아직 지구 규모의 가상
공간에서 수천만 명, 수억 명이 동시에 움직이는 상호작용까
지 처리할 수 있는 계산력을 보유하고 있지 않다.

한편 양자 컴퓨터도 조합 최적화 문제 등 일부의 용도 이외
에는 아직 그 우위성을 모르는 채고, 종래의 컴퓨터가 가진
범용성을 획득하는 것에도 이르지 못했다. 그리고 구체적으
로 어느 정도 지나야 실용화에 도달할 수 있을까 하는 타임라
인도 전혀 보이지 않는 것이 현재의 실정이다. 그런 의미에서
현시점에서 양자 컴퓨터는 메타버스나 블록체인과는 비교가
안 될 정도로 미지에 있는 기술이라고 할 수 있다.

만약 무어의 법칙이 무너져 컴퓨터의 성능이 더는 좋아지
지 않는다고 한다면 메타버스가 현재의 전술 슈팅 게임(FPS)
이나 VR 콘텐츠의 영역을 넘어 〈매트릭스〉 같은 수준까지
도달하는 미래는 실현되지 않을 것이다. 가령 양자 컴퓨터가
실용화되고 범용화되는 미래가 온다면, 지구 규모의 가상 세
계를 한순간에 생성해 수억 명의 상호작용을 처리하거나 지
구 전체 수억 패턴의 시뮬레이션을 한순간에 처리할 수 있는
시대가 올지도 모른다.

내가 태어난 1986년에는 월드와이드웹이 존재하지 않았
고, 스마트폰도 블록체인도 존재하지 않았다. **현재 세계를**

움직이는 기술은 어느 것이나 최근 30년 이내에 탄생한 게 대부분이고, 세계 경제를 움직이고 있는 GAFA나 BAT라는 말도 30년 전에는 존재하지 않았다. 이런 점을 생각하면 범용성 있는 양자 컴퓨터가 실용화되어 인류가 터무니없는 능력을 손에 넣어, 우주 은하계의 모든 변화를 정확하게 시뮬레이션할 수 있는 미래가 살아 생전 실현되어도 이상하지 않으리라 생각한다.

기계를 만들어내는 기계, 세계를 만들어내는 세계

기술은 그 발전에 따라 이용 비용이 점점 내려가서 당초 상정하지도 않았던 분야에서 활용되고, 다른 기술과 융합해서 아무도 상상할 수 없는 방향으로 발전하기도 한다.

예를 들어 비트코인을 설계한 사토시 나카모토는 블록체인이라는 기술이 NFT나 Web3 같은 인터넷업계를 휩쓰는 조류로 진화하리라는 것까지는 예측하지 못했던 것 같다. 마찬가지로 나는 메타버스 관련 기술도 현재는 상상할 수 없는 분야나 기술과 융합해 사람들의 상상을 훨씬 뛰어넘어 변화할 것이라고 예측한다.

메타버스 영역에서 가장 임팩트가 큰 것은 AI와의 융합이다. 3D CG 등의 분야의 AI 활용은 일부에서 이루어지기 시작했지만, 아바타나 공간을 만드는 일은 대부분 크리에이터가 수동으로 하고 있다. 메타버스도 초기에는 인간의 손으로 다양한 가상 공간을 만들었지만, 조금 더 기술이 성숙하면 가상 공간을 만드는 것은 AI에 의해 자동으로 이루어질 것이다.

2022년 2월 구글이 매수한 AI 벤처 딥마인드가 재미있는 것을 내놓았다. 바로 바둑 AI인 알파고를 개발한 것이다. 이 AI는 바둑 세계 챔피언을 이겨서 주목받았고 세계적인 AI 붐의 계기를 만들어냈다.

딥마인드가 개발한 프로그래밍 AI 알파코드^{AlphaCode}**가 경쟁 프로그래밍 콘테스트에서 참가자의 상위 54퍼센트 이내에 드는 성적을 거두었다고 발표했다.** 경쟁 프로그래밍에서는 임의의 과제에 대해 적절한 알고리즘을 선택해 코드를 사용하도록 요구받는다. 알파코드는 5,000명 이상의 참가자가 있는 열 개의 테스트에서 상위 54.3퍼센트 이내에 들었다.

이 이야기만 들으면 '와아!' 하고 말 이야기 같지만, **간단히 말하면 'AI를 만들어내는 AI', '기계를 만들어내는 기계'를 실현할 수 있는 시대에 돌입했다는 이야기다.** AI는 프로그래머로서 아직 보통 정도의 성적이지만, 이대로 방대한 학습을 진행하면 믿을 수 없을 정도의 정밀함과 속도로 알고리즘을 만들고 코드를 쓰는 AI가 탄생하는 날도 머지않았다고 생각한다.

이는 우리의 미래에 커다란 임팩트를 줄 수 있는 사건이다. 이처럼 **시스템을 만들어내는 시스템을 통해 기계가 자기 진화·자기 재생산·자기 복제를 하게 되어 생명처럼 스스로 진화하고 증식하는 성질을 갖게 되는 미래를 상상할 수 있다.** 시스템을 구축하는 엔지니어나 프로그래머는 AI가 보급되어도 사라지지 않으리라 여겼다. 하지만 코드를 쓰는 인간조차 AI와 경쟁하지 않을 수 없게 된 것이다.

이렇게 **'AI를 만들어내는 AI'가 보급되어 메타버스 영역과 뒤섞이면 '가상 세계를 만들어내는 가상 세계'라는 것이 생겨날 가능성도 있다.** 메타버스 공간도 컴퓨터상에서는 데이터와 코드 덩어리에 지나지 않기 때문에 AI와 융합함으로써 방대하고 다양한 취미의 가상 세계가 자발적으로 증식하는 일이 일어날 수 있다.

이때 가상 공간이란 이미 사람이 만들어내는 것이 아니라 AI가 자체적으로 만들어내는 것으로, 사람들은 방대하게 생성된 다양한 가상 공간 안에서 자신에게 적합한 세계를 선택하거나 AI의 추천을 받을 수도 있게 된다. 예컨대 AI가 유튜브나 틱톡의 타임라인을 이용자의 취향에 맞추듯, **가상 공간**

에서도 AI가 이용자의 취미를 읽어내 그 사람에게 맞는 공간을 생성하는 일이 되풀이 되지 않을까.

가상 세계가 스스로 작동해서 복제를 통해 자기 증식이 가능해지면 인간의 손이 아니라 AI 자체의 힘으로 멀티버스(다원 우주) 같은 것이 가상 공간에 실현될지도 모른다.

실제로 물리적인 세계에 사는 우리도 문명을 발전시켜서 컴퓨터를 만들어냈고, 최종적으로는 가상 공간을 만들어내는 데까지 발전해왔다. **마찬가지로 AI와 융합한 가상 공간이 다른 가상 공간을 만들어내고 발전해가는 것은 당연한 흐름처럼 여겨진다.** 그 후에는 마트료시카 인형처럼 가상 세계가 또 다른 가상 세계를 계속 만들어내고, 생물의 진화하듯 각기 나뉘면서 서로 진화해갈 것이다.

이런 단계까지 가면 인간이 제어할 수 있는 복잡함을 넘어서기 때문에 가상 공간의 운영은 사람의 손에서 벗어나 AI가 제어하게 될 것이다. 또 **가상 세계가 현실 세계와 같은 수준의 복잡함과 유연성을 가진 생태계로 진화하면서 점점 하나의 거대한 '생명'처럼 되어가지 않을까.** 즉, 외부에서 정보를 받아들여 구조를 복잡하게 하고 복제를 되풀이하며 진화하는 기능을 획득한다는 것이다. 그대로 진화가 계속되면 가상 세계가 인간처럼 '의식'을 획득하는 날이 올지도 모른다.

버추얼 시간여행

좋아하는 운동선수나 예능인의 블로그 아카이브(과거 기사)를 계속 거슬러 올라가며 읽은 경험이 있을 것이다. 2차원의 텍스트 정보가 축적된 아카이브는 나무를 가로로 잘랐을 때 둥그렇게 드러나는 단면의 나이테와 닮았다. 시간 축은 한 방향으로 과거 → 현재 → 미래로 흐르고, 2차원 텍스트 정보는 거듭 축적되어간다.

가상 공간에서는 2차원이 아니라 3차원의 시각 정보를 대량으로 집적할 수 있다. 2023년 1월 1일 해가 바뀌는 순간 어디서 무엇을 하며 신년을 축하하고 있었는지, 아침에 일어났을 때 설음식 중 어떤 것을 맛있게 먹고 가족과 무슨 이야기를 나눴는지, 당신이 지냈던 시간이 공간 정보와 함께 3D CG로 축적된다.

메타버스로 할 수 있는 것은 현실 세계를 그대로 복사하는 것만이 아니다. 현실 세계와는 별도로 가상 공간에서의 행동도 3D 정보로 기록된다. 유튜브 링크를 클릭하면 동영상이 재생되고, 30초 전이든 1분 후든 자유롭게 시간을 왔다갔다 할 수 있는 것처럼 10년 전의 오늘, 30년 전의 오늘로 쉽게 돌아갈 수 있다. 가상 공간에서 사람은 순식간에 시간 축을 뛰어넘어 시간여행을 할 수 있게 된다.

2020년에 개봉한 크리스토퍼 놀란 감독의 영화 〈테넷〉은 그 '난해함'이 화제였다. 〈테넷〉의 세계에서 시간은 한 방향으로만 흐르지 않는다. 회전문을 지나면 시간의 흐름은 반대 방향으로 바뀐다. 거기서 1분 1초를 보내면 시간은 '1분 1초 후'가 아니라 '1분 1초 전'으로 되돌아간다. 다시 회전문을 지나면 시간은 '역행'에서 '순행'으로 되돌아간다. 같은 감독이 만든 〈인터스텔라〉라는 SF 영화에는 인상적 대사가 등장한다. "여기서 '시간'이란 또 하나의 물리적인 '차원'이다"(재미있는 영화이니 아직도 안 본 분들은 꼭 보시길 권한다).

현실 세계를 복사해 시간 단위로 보존하면 과거 해당 시점의 공간으로 이동할 수 있다. **다시 말해 메타버스의 '시간'이란 실제로 이동할 수 있는 하나의 '차원' 또는 '방향'을 가리키는 것이다.** VHS나 DVD를 재생해 어렸을 때의 운동회나 추억의 장면을 보듯 과거 공간으로 이동해서 당시를 추체험할 수 있다.

지금 우리는 블로그나 SNS를 보고 과거 사람들의 경험을 실제와 유사하게 체험하고 있다. 다만 그것은 2차원의 텍스트 기반이기 때문에 그 사람의 오감이 어떻게 느꼈는지는 머릿속으로 상상할 수밖에 없다. 메타버스가 생기면 마치 자신이 거기에 있는 것처럼 당시로 돌아가 더욱 리얼하게 시간여행을 즐길 수 있다.

메타버스에 적응하면, 인간의 뇌는 지금까지보다 더 발달할 것이다. 아이가 당연한 것처럼 40분 전으로 돌아가 인생을 다시 살아보기도 하고, 롤 플레잉 게임을 다시 하듯 다른 길을 선택해 걸어보기도 할 것이다. **전 세계 사람들이 보낸 인생의 방대한 '시간'을 메타버스상에서 고속으로 추체험할 수 있는 미래의 인류는 현대인보다 훨씬 현명해져 있을 것이다. 스마트폰을 잘 다루고 검색을 잘하는 현대인을 에도 시대 사람들이 본다면 믿을 수 없을 정도로 현명하게 느끼리라는 것과 같다.**

과거의 아카이브를 검색하는 것처럼 3D CG의 시각 정보 공간을 마구 점프하며 시간여행을 한다. 이렇게 되면 인간의 삶은 다른 차원의 수준에서 중층적이 된다. 이에 따라 인생의 가치관이나 사상도 크게 변할 것이다.

———

뇌과학과의 융합으로 실현하는 리얼 〈매트릭스〉

스티븐 스필버그 감독의 영화 〈레디 플레이어 원〉에서 사람들은 VR 단말기를 머리에 쓰고 메타버스에 로그인해 실제로 신체를 움직여 달리기도 하고 싸우기도 한다. 영화 〈매트릭스〉 속의 사람들은 잠든 상태에서 메타버스에 로그인하며 신체는 멈춘 채다. 외견으로 봐서는 꿈을 꾸고 있는 것처럼 보인다.

〈매트릭스〉 같은 메타버스를 실현하기 위해서는 'BMI 기술'과의 융합이 불가결하다. BMI란 'Brain-Machine Interface'의 약칭으로 뇌와 컴퓨터를 접속하는 새로운 기술이다. 특수한 디바이스로 뇌의 활동을 읽어내 외부 컴퓨터와 로봇을 조작하기도 하고 반대로 컴퓨터에서 뇌에 자극과 신호를 보내기도 하는 등 뇌와 기계의 쌍방향 접속을 목표로 하는 기술이다.

BMI는 주로 머리 바깥쪽에 디바이스를 장착해 뇌파를 읽어내는 '비침습형' 방식과 반대로 두개골에 구멍을 뚫어 뇌 안에 극소 디바이스를 설치하는 '침습형' 방식이 있다.

만약 이런 BMI 기술이 일반화되면 생각만으로 컴퓨터를 조작할 수 있게 된다. 실제로 머리에 장착해서 사용할 수 있는 비침습형 디바이스가 시판되고 있는데, 뇌 안의 정보를 읽어내 손을 쓰지 않고 컴퓨터를 조작해 간단한 게임 등을 즐길 수 있다. 또한 의료 세계에서는 루게릭병, 파킨슨병, 우울증 등의 뇌 질환 치료에도 BMI 기술을 응용하기 시작했다.

현재의 VR 콘텐츠는 양손에 컨트롤러를 들고 조작해야 하고 널찍한 공간이 확보되어야 한다. **만약 뇌와 컴퓨터를 직접 연결할 수 있다면 생각만으로 가상 공간 내에서 타인과 이야기를 하거나 돌아다닐 수 있다.**

BMI 기술은 메타버스 영역과 굉장히 잘 어울려 포스트 메타버스 시대 다음의 커다란 모멘텀(성장 동력)을 만들어낼 분야라고 나는 예상한다.

이미 일론 머스크의 뉴럴링크^{Neuralink}라는 기업은 뇌에 전극을 넣어 뇌를 조종하는 실험을 진행해왔다. 이 실험이 성공하면 인간의 뇌와 의식의 관계를 과학적으로 해명할 수도 있다. 장래에는 맛없는 것을 맛있다고 착각하게 하거나 우울증으로 고생하는 사람의 상태가 아주 좋아지게 하는 기술이 개발될지도 모른다.

그렇게 되면 팔다리를 자유롭게 움직일 수 없는 고령자나 장애자도 메타버스상에서 전 세계를 여행할 수 있다. 선천적으로 눈이 보이지 않는 사람이나 귀가 들리지 않는 사람도 컴퓨터의 힘을 빌려 비장애인과 다름없는 생활을 즐길 수 있게 될 것이다.

백신을 주사하는 정도로 뇌에 손쉽게 칩을 삽입해서 지식이나 기억, 사고 패턴을 복사하고, 그 데이터를 가상 공간에 계속 업로드한다. 그러면 육체는 죽어도 의식은 가상 공간에 계속 남을지도 모른다. 이미 이런 '인공 의식'을 만들어내려는 연구에 전 세계가 주목 중이다. 현실 세계에 뇌가 존재하지 않는데도 의식의 패턴은 그 사람이 살아 있는 것처럼 계속 존재하는 SF 영화와 같은 세계가 머지않은 미래에 현실이 되어 있을지도 모른다.

———

메타버스 다음은
유토피아일까, 디스토피아일까?

2000년대에 인터넷 사회의 미래를 날카롭게 예견한 작가가 있다. 그가 쓴 책은 베스트셀러가 되어 크게 화제가 되었다. 그 작가를 만나서 식사를 하며 이야기를 나눈 적이 있다. 나는 구글이나 페이스북이 엄청난 힘을 갖게 되어 '제4의 권력'이라 불리는 미디어(텔레비전, 라디오나 출판 산업)를 훨씬 능가하고 있는데, 인터넷과 검색엔진, SNS가 견인하는 세계는 과연 유토피아(이상향)가 되었는지 물었다. 그는 이렇게 말하며 탄식했다.

"인터넷에 의한 장밋빛 미래는 전혀 실현되지 않았어요. 오히려 인터넷의 등장으로 불법 약물 거래나 사기, 해킹이나 비방 중상이라는 범죄가 횡행하게 되었죠. 인터넷이 그려낸

유토피아는 보기 좋게 무너졌어요."

인터넷 사회는 유토피아는커녕 디스토피아(암흑세계)라는 것이다. 이 사람의 책에 영향을 받아 미래의 방향성에 대한 힌트를 얻은 나로서는 그의 이런 인식에 충격을 받았다. 많은 사람에게 긍정적 영향을 주고 있을 그는 자신이 쓴 책에 책임감을 느낀 것이다. 그 이야기를 들으며 나는 이렇게 생각했다.

'인터넷으로 생겨난 폐해가 있는 것은 분명하다. 하지만 인터넷이 없으면 실현되지 못했을 것이 그 이상으로 많다. 절망할 필요는 없다. 나는 기술에 의해 인생을 구원받았다. 기술이란 단순한 도구이고, 그것을 사용하는 사람에 따라 지옥에서 빠져나오는 동아줄도, 흉기도 될 수 있다. 유토피아가 될지 디스토피아가 될지는 그 사람에게 달려 있다.'

인터넷과 스마트폰이 탄생한 덕분에 극히 일부 사람만이 전유하던 정보가 민주화되었다. 지위나 권력은 상대화되고, 슬럼가에 사는 가난한 사람도, 노숙자도 스마트폰과 SNS를 사용하게 되었다. 전 세계에 사는 사람들의 지식과 경험, 노하우가 데이터로 축적되고, 게다가 영원히 기록되고 있다. 그리고 그 데이터가 짜내는 메타버스에는 무한한 가능성이 있다.

메타버스를 유토피아로 만드는 것도, 반대로 디스토피아

로 만드는 것도 인간에게 달려 있다. 나는 인간의 가능성을 믿고 싶다. 미래의 인류는 메타버스를 유토피아로 만들 것이라는 희망을 갖고 싶다.

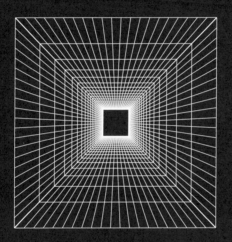

**세계의 진실은
눈으로 직접 확인해야 한다**

진정한 여행이란
새로운 풍경을 보는 것이 아니라
새로운 시각을 갖는 일이다.
—

마르셀 프루스트

새로운 세계를 향한 열망

나에게 '안다'는 것은 자신의 손으로 '재현할 수 있다'는 것이고, 더 나아가 나 이외의 누구라도 재현할 수 있어야 비로소 정말 '알았다'고 말할 수 있는 것이라고 생각한다. 마찬가지로 '세계를 이해한다'는 것은 '세계를 만든다'는 것과 같은 뜻이고, 그것을 만인이 만들 수 있게 되어야 진정으로 '세계를 이해했다'고 말할 수 있다고 생각한다.

그렇다면 왜 내가 강렬하게 세계를 이해하고 싶었는지, 왜 이 주제를 계속 추구해왔는지를 마지막에 잠깐 이야기하고 싶다. 이 책은 세계를 만드는 법을 소개한 것이지, 내 자서전은 아니기 때문에 개인적 이야기는 최소한에 그쳤다. 다만 책을 쓰는 것은 이번이 마지막일 것이라는 예감이 들기 때문에 나의 반생도 포함해 이야기하고자 한다.

나는 후쿠시마현의 시골에서 태어났다. 모자 가정이던 우리 집은 형과 누나, 나 그리고 엄마 이렇게 4인 가족이었다. 맏이였던 형은 운동을 잘하고 활달했다. 늘 밖에서 놀았고 품행이 나빠 문제를 일으키는 이른바 '문제아'였다. 누나는 형과는 정반대로 성실했다. 공부를 잘해서 책을 많이 읽었고 그림도 잘 그리는 '우등생'이었다. 막내인 나는 마치 형과 누나를 섞어놓은 듯한 성격으로, 운동과 미술을 잘했고 공부는 싫어했지만 못하지는 않았다. 실제로 형과 누나는 사이가 안 좋아 거의 말을 섞지 않았다. 하지만 나는 왠지 둘 다 이해할 수 있을 것 같았다.

어머니는 아이인 내가 봐도 좀 별난 사람이었다. 우리 가정의 연 수입은 100만 엔(약 924만 원)대로, 무척 가난하게 생활했다. 그런데 집에는 대량의 책이 쌓여 있었고 어머니는 늘 다소 어려운 책을 읽거나 그림을 그렸다. 어딘지 속세를 떠난 분위기였다.

실제로 나와 누나에게 정치나 과학 등 어른스러운 화제를 꺼낼 때도 있어서 '그렇게 잘난 체만 하지 말고 차라리 돈을 좀 더 벌지' 하고 내심 불만스럽게 생각했던 적이 있다.

어머니는 우리 형제에게 자주 예전의 전쟁 다큐멘터리나 책에 등장하는 인물을 가리키며 "저 사람이 너희 외증조할아버지야"라고 일러주었다. 당시 나는 아이였기 때문에 무슨 말인지 감을 잡지 못해 진지하게 듣지는 않았다. 수업 시간에 일본사를 배우게 되고 철이 들 무렵이 되자 어머니가 했던 말이 진짜였다는 것을 알게 되었다.

외증조할아버지는 전시에 군대를 지휘하는 위치에 있었다. 그래서 패전 후에는 진주만 공격이나 태평양전쟁에 책임을 지고 A급 전범으로 옥살이를 하다가 죽었다. 현재는 야스쿠니 신사에 합사되어 있는데, 매년 정치가의 야스쿠니 참배가 국제 문제가 될 때마다 나는 지금도 다소 복잡한 마음이 든다.

초등학생 무렵에 어머니의 친정인 외가에 몇 번 간 적이 있다. 높고 까만 담장으로 둘러쳐진 정원에서 검은 개 두 마리가 시끄럽게 짖어대던 것을 선명하게 기억한다. 초등학생 때 그 지역의 항공 사진을 프린트한 책받침이 배포된 적이 있었는데 내가 친구에게 "여기가 우리 외할머니 집이야"라고 손으로 가리켜도 좀처럼 믿어주지 않았다.

손으로 가리킨 부지가 널찍한 공원 같은 크기였기 때문에 거짓말을 한다고 생각했던 것이다. 당시에는 친구가 날 믿어주지 않는 게 그저 이상하기만 했다. 철이 들어감에 따라 아무래도 내가 특수한 사정을 가진 가계에서 태어난 사람이라는 것을 서서히 자각하게 되었다. 내가 태어나기 전에 돌아가셨기 때문에 외증조할아버지를 부담스럽게 느낀 적도 없지만, 자랑스럽게 생각한 적도 없었다. 그저 그가 당시에 뭘 보고 느꼈는지에 대해서만 강렬한 흥미를 느꼈다.

나는 대학에 입학한 뒤 곧 창업했다. 그 후에도 쭉 회사를 경영했는데 사업을 전 세계로 확장해도, 20대에 회사를 상장시켜도 내가 하는 일은 외증조할아버지에 비하면 어딘지 모르게 자그맣고 보잘것없는 일로 느껴졌다. 현대 사회는 실패해도 죽임을 당하는 일은 없다. 그는 자신의 생명과 수천만 국민의 목숨이 걸린 의사결정을 하는 장면에서 무엇을 느끼고 고민했을까? 어떤 풍경이 보였을까? 그에게는 이 세계가 어떻게 비쳤을까? 그런 생각을 자주 했다.

전쟁 같은 역사적 사건에 대해 사람들은 다양하게 해석하고 말하지만, 세상에 널리 '사실'로 알려진 내용조차 잘 살펴보면 누군가의 사정에 따른 것이다. 진실이란 항상 다면적이어서, 표현된 것은 진실의 일면에 지나지 않을 때가 많다.

교사, 어른, 잘난 사람, 세상 사람들이 말하는 것이나 교과서에 쓰여 있는 모든 것이 반드시 옳다고 할 수는 없다. 10대 후반이 되자 진실이란 늘 다면적인 것이며 눈으로 직접 확인하지 않는 한 진실은 영원히 알 수 없다는 것을 알았다.

어른이 되고 나서도 이 신조는 변하지 않았고, 오히려 해마다 강해질 뿐이었다. 직접 이 세계를 접하고 내 머리로 생각하고 내 눈으로 이 세계의 진실을 목격하고 싶었다. 또 세계란 무엇이며, 세계란 어때야 하는지 결론을 내고 싶었다. 그래야 죽을 때 후회가 없을 것 같았다. 이 책은 그런 나의 개인적 실험과 고찰의 기록이다.

이 책에 다 쓰지는 못했지만 세상에서 옳다고 여기는 것, 사실로 여기는 것이라도 내 눈으로 직접 확인해보면 진실이 아닐 때도 있음을 지금까지 무수히 경험했다.

수십 년 동안이나 옳다고 배우고 믿어온 것이, 전 세계 99.9퍼센트의 사람들이 옳다고 믿는 것이 완전히 틀렸음을 발견했을 때 느낀 충격은 그 무엇과도 바꿀 수 없다. 이 세계에는 아직 '숨겨진 진실'이 무한히 잠들어 있고, 누군가가 발견해주기를 기다리고 있다.

예전에 뉴턴에 의해 제창되어 부동의 진리로 여겨진 '시간'과 '공간'의 개념조차 그 후에 아인슈타인이 등장하면서 깨끗이 뒤집혔다. 이처럼 '숨겨진 진실'은 특별히 세상을 뒤흔드는 상대성 이론 같은 대발견이 아니어도 우리 신변에 무수히 널려 있다.

일전에 어머니가 심근경색으로 쓰러졌다는 연락이 와서 전혀 찾지 않던 고향을 몇 년 만에 찾아갔다. 아무도 없는 본가의 너덜너덜한 뒷문으로 들어가서 부서지기 시작해 삐걱거리는 거실에 앉아 멍하니 집 안을 바라봤다. 문득 눈앞에 어머니의 일기 같은 것이 놓여 있었다. 송구스러웠지만 호기심을 이기지 못하고 페이지를 넘기고 말았다.

나는 어머니가 늘 문제를 일으켰던 형을 가장 걱정하고 있었으리라 생각했는데, 일기에는 막내인 내 이야기뿐이었다. 20년 가까이 집에서 함께 생활했지만, 나도 어머니도 서로에 대해 아무것도 몰랐던 것이다. 이는 개인적인 일이긴 하지만 내게는 세상의 법칙성을 발견했을 때와 같은 정도로 충격적인 사건이었다.

앞으로 세계는 굉장한 속도로 변해갈 것이다. 과거에 옳았던 것 중에 지금은 틀린 것도 많다. 내 생각들도 금세 낡아버려 시대에 뒤처지게 되고, 그것을 '덮어쓰기' 하며 업데이트하는 사람도 계속 나올 것이다.

이 책이 독자 여러분의 '건전한 회의감'을 부추겨서 아무도 의심한 적 없는 상식에 의문을 던지고 세계의 '숨겨진 진실'을 드러내 세상을 깜짝 놀라게 하는 날이 오기를 기대한다.

메타버스를 둘러싼 개인적 실험과 고찰의 기록이 이렇게 한 권의 책으로 정리되었다. 이 책이 '새로운 세상을 만들고 싶다'고 생각하는 '괴짜'들에게 조금이라도 도움이 된다면 뜻밖의 기쁨이겠다.

2022년 3월
사토 가쓰아키

KI신서 11162

세계 2.0

1판 1쇄 인쇄 2023년 9월 20일
1판 1쇄 발행 2023년 10월 18일

지은이 사토 가쓰아키 **옮긴이** 송태욱
펴낸이 김영곤
펴낸곳 ㈜북이십일 21세기북스

콘텐츠개발본부이사 정지은
J—CON팀 팀장 박지석
J—CON팀 공승현
출판마케팅영업본부장 한충희
마케팅2팀 나은경 정유진 박보미 백다희 이민재
해외기획실 최연순
출판영업팀 최명열 김다운 김도연
제작팀 이영민 권경민
디자인 장마

출판등록 2000년 5월 6일 저1406-2003-061호
주소 (10881) 경기도 파주시 회동길 201(문발동)
대표전화 031-955-2100 **팩스** 031-955-2151 **이메일** book21@book21.co.kr

(주)북이십일 경계를 허무는 콘텐츠 리더

21세기북스 채널에서 도서 정보와 다양한 영상자료, 이벤트를 만나세요!
페이스북 facebook.com/jiinpill21   포스트 post.naver.com/21c_editors
인스타그램 instagram.com/jiinpill21   홈페이지 www.book21.com
유튜브 youtube.com/book21pub

서울대 가지 않아도 들을 수 있는 명강의! 〈서가명강〉
'서가명강'에서는 〈서가명강〉과 〈인생명강〉을 함께 만날 수 있습니다.
유튜브, 네이버, 팟캐스트에서 '서가명강'을 검색해보세요!

ⓒ 사토 가쓰아키, 2023
ISBN 979-11-7117-117-0 03320